초등학생을 위한
# 친절한 한국사 ⑤

8·15 광복부터 촛불 혁명까지

친절한 한국사 5
8·15 광복부터 촛불 혁명까지

초판 1쇄 발행　2023년 2월 10일
초판 2쇄 발행　2023년 11월 15일

지은이　　노하선
감　수　　윤병훈 황재연
펴낸이　　한승수
펴낸곳　　하늘을나는교실

편　집　　박일귀
마케팅　　박건원
디자인　　디자인우디, 박소윤

등록번호　제395-2009-000086호
주　소　　서울특별시 마포구 동교로 27길 53 지남빌딩 309호
전　화　　02 338 0084
팩　스　　02 338 0087
E-mail　　hvline@naver.com

ISBN　　978-89-94757-59-9 (74900)
　　　　　978-89-94757-54-4 (세트)

* 이 책에 대한 번역·출판·판매 등의 모든 권한은 하늘을나는교실에 있습니다.
간단한 서평을 제외하고는 하늘을나는교실의 서면 허락 없이 이 책의 내용을
인용·촬영·녹음·재편집하거나 전자문서 등으로 변환할 수 없습니다.

* 책값은 뒤표지에 있습니다.
* 잘못된 책은 구입처에서 교환해 드립니다.

**어린이제품안전특별법에 의한 제품 표시**
**제조자명** 하늘을나는교실 | **제조년월** 2022년 6월 | **제조국** 대한민국 | **사용연령** 6세 이상 어린이 |
**제품 주소 및 연락처** 서울시 마포구 동교로 27길 53 지남빌딩 309호 (02)338-0084

초등학생을 위한
# 친절한 한국사 ⑤
8·15 광복부터 촛불 혁명까지

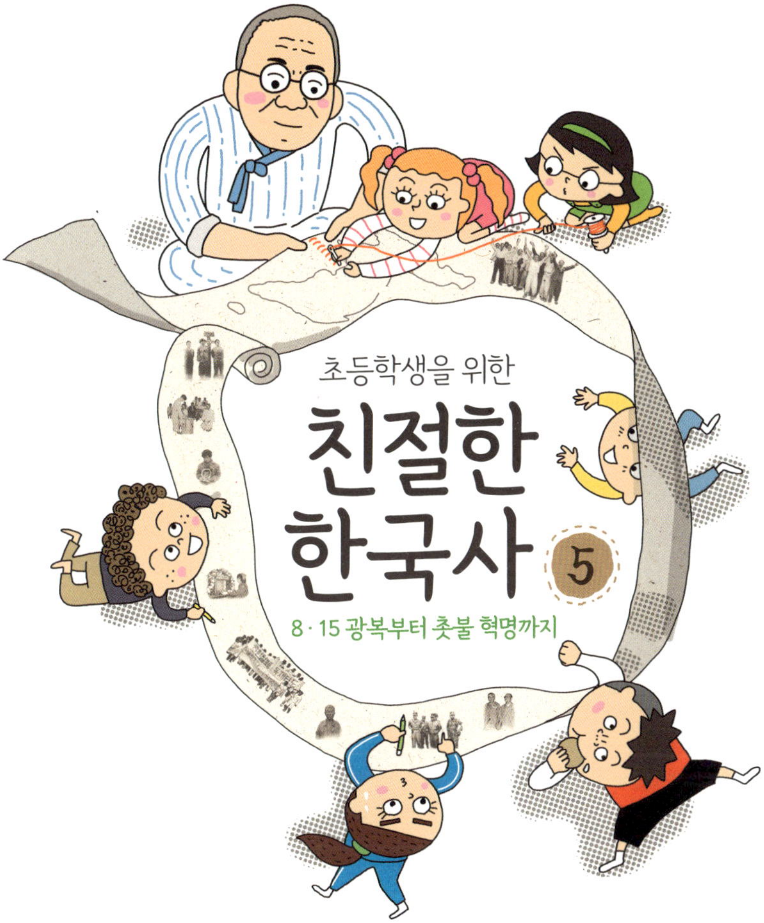

글 노하선 | 감수 윤병훈·황재연 | 그림 우디크리에이티브스

## 냉장고에 붙여 놓은 한국사

지금은 잘 안 쓰지만 암기 과목이란 말이 있습니다. 교과목 가운데 외워야 하는 과목을 이르는 말이죠. 시험을 위해 달달 외워야 하니, 억지로 먹는 음식처럼 느꼈을 사람 많았을 거예요. 그 대표적 과목이 한국사였어요.

그렇게 한 공부니 머리에 잘 들어오지도 않고 용케 외웠다 하더라도 얼마 안 가 기억이 가물가물. 연대며 인물들, 사건들이 얽히고설킨 걸 외워서 익히려 하니 그럴 밖에요.

21세기, 아이들에게 한국사는 지금도 그런 과목입니다. 그렇다고 한국사를 제쳐 놓자니 성적보다 중요한 의미가 있어 마음이 놓이질 않죠.

역사는 사회의 기록이고 개인에게 있어 기억과도 같잖아요. 기억을 잃으면 자신에게 일어난 일을 모르니 자신이 누구인지도, 자신과 세상의 관계도 알 수 없죠. 따라서 자기 눈앞에서 벌어지는 일을 이해하지 못할 테고 갑자기 시력을 잃은 사람처럼 한 발자국도 나아가지 못할 거예요.

역사 역시 마찬가지입니다. 자신이 발 딛고 있는 지금의 우리 사회가 지나온 시간들을 모르니, 지금 나타나고 있는 사회 현상을 이해하지 못하고, 앞으로 어떻게 사회가 변할지 도통 알 수가 없겠죠.

대충 남들 따라 사는 게 아니라, 미래를 보고 앞서 나가는 아이로 키우려면 한국사 공부는 꼭 필요합니다.

그래서 고민했습니다. 무작정 외우기말고, 이해하고 느끼고 상상할 수 있는 한국사 공부, 어떻게 가능할까?

그러다 문득 생각했어요. 아이가 어릴 적 한글을 익히려 집안 사물에 이름 적힌 스티커를 붙여 놓잖아요? 냉장고 문엔 '냉장고', 의자 위엔 '의자', 텔레버전 옆엔 '텔레비전' 이렇게 말이에요. 생활하면서 자연스럽게 한글을 익히게 한 거죠.

그래서 한국사도 그렇게 해 보았습니다. 일상생활 곳곳에 한국사를 붙여 놓는 식이죠. 경주 김씨 파래가 랩을 하면서 김유신을 소환하고, 아이들이 둘러앉아 만두를 빚다 말고 고려의 왕들을 줄줄이 불러냈죠. 또 점심 간식으로 떡볶이, 어묵, 라면 가운데 무얼 먹을까 실랑이하다 후삼국 통일의 장면을 떠올렸어요.

태권소녀 시루를 아내로 맞겠다는 까불이 파래의 엉뚱한 사랑 고백에서는 공민왕과 노국대장공주가 등장하고요. 정조대왕과 마주앉아 소갈비를 구워먹었다는 마토의 얼토당토않은 지난 주말 이야기에서는 정약용이 거중기로 수원화성을 쌓아올립니다.

이렇듯 역사적 인물과 사건이 일상생활을 통해 현설로 친근하게 다가옵니다. 당연히 역사적 상황에 대한 이해가 쉬워지고 이걸 바탕으로 '지금 나라면?' '만약 이렇게 바꾸어 본다면?' 하며 이런저런 상상도 해볼 수 있게 되죠. 암기라는 공부 방식에서는 엄두도 못 내던, 역사적 상상력이 가능해집니다.

이 책을 통해 역사를 공부가 아닌 여행이나 놀이처럼 즐거운 일로 만들어 보세요. 책 속 등장인물들처럼 음식도 함께 만들어 보고 학교 앞 분식집도 가보면 어떨까요? 역사 속 인물들을 떠올리면서 말이죠. 날씨가 좋으면 전철이나 버스를 타고, 살고 있는 지역의 유적지나 박물관을 가보는 것도 좋겠어요. 물론 맛있는 도시락은 기본이겠죠. '역사가 이렇게 재미있는 거였어!' 하고 새삼 놀라실 거예요.

봄날을 만들어준 사람들의 모든 노고에 감사드리며
우디크리에이티븐스 노하선

# 차례

### 1부
## 광복의 빛과 분단의 어두움

나라를 다시 세우려는 노력들　12
분열과 갈등의 긴 터널로 들어서다　40

### 2부
## 민족의 가슴에 깊은 상처를 남긴 6.25 전쟁

전쟁이 터지다　64
끝나지 않는 새로운 전쟁의 시작　80

### 3부
## 부패한 독재 정권을 국민의 힘으로 무너뜨리다

썩어 가는 대한민국　98
국민들이 일어나 부패한 이승만 정권을 심판하다　110

## 4부
## 산업화에 볼모가 된 민주주의

군사 정권의 등장　134
피땀과 바꾼 경제 발전　142
독재 정권의 최후　164

## 5부
## 국민의 힘으로 민주화를 이루다

민주화를 향한 열망과 절망　180
국민의 힘으로 민주주의를 되찾다　192

## 6부
## 성숙한 시민들이 대한민국을 바로 세우다

군인이 아닌 민간인 정부가 탄생하다　208
위기를 넘어 미래로 나아가는 대한민국　222

## 나라를 다시 세우려는 노력들

일제로부터 해방된 사람들은 새로운 나라를 세울 준비를 했어. 일제 강점기에 독립을 위해 싸워 온 독립운동가들은 모든 사람이 평등하고 행복한 나라를 꿈꾸었지. 반면 일제 강점기에 갖고 있던 기득권을 해방 이후에도 유지하려는 사람들이 있었어. 그들은 모든 사람이 평등하고 행복한 나라를 꿈꾸기보다 자신들의 부와 권력이 계속되기를 바랐지.

이들의 상반된 생각은 서로 다른 이데올로기를 가진 두 강대국의 한반도 진주를 통해 심각한 갈등 양상으로 치닫기 시작했어. 갈등은 신탁 통치 문제를 두고 극단적으로 대립하게 되고 새로운 나라를 위해 힘을 합치자는 사람들이 나섰지만 이미 분열은 돌이킬 수 없는 것이 되어 갔단다.

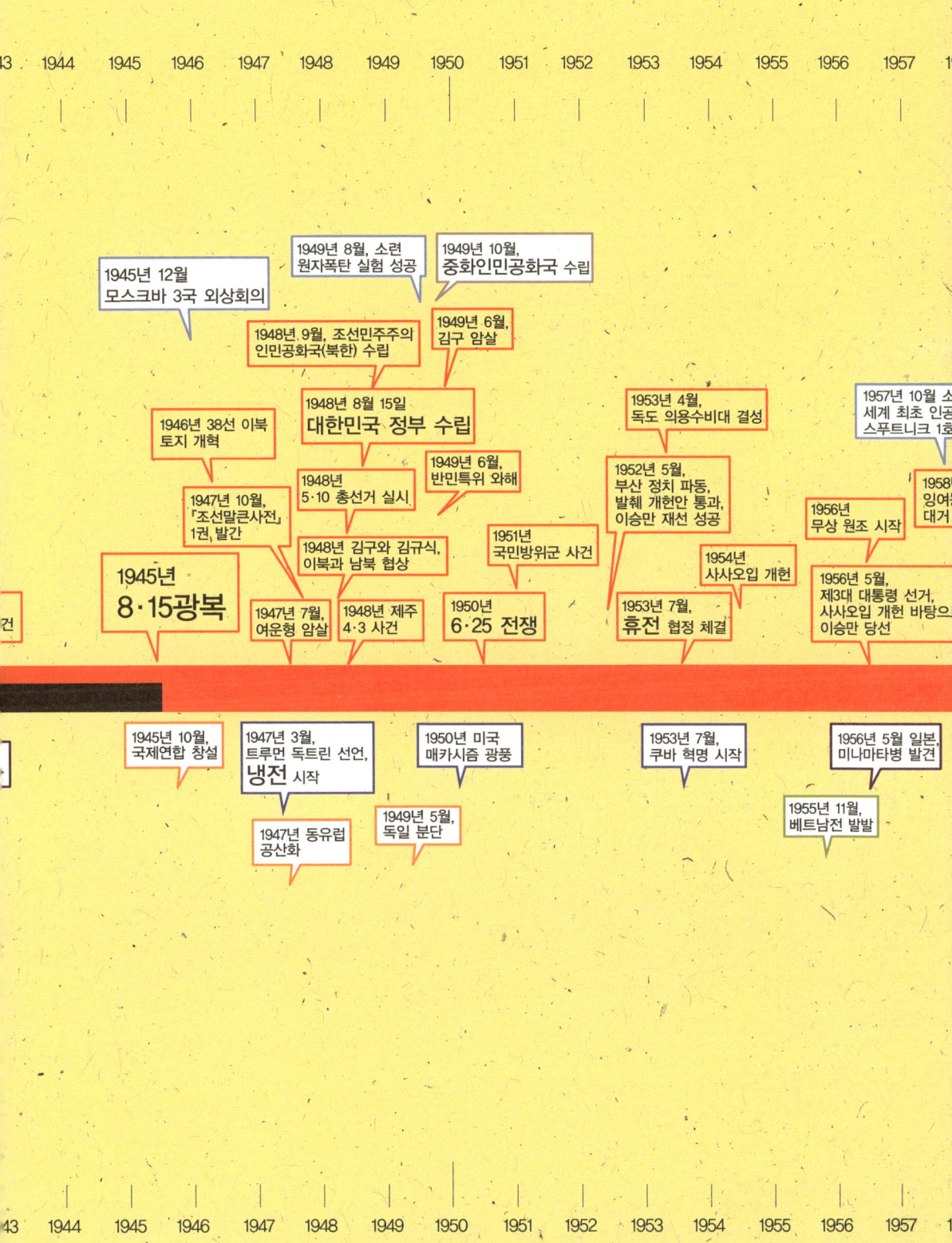

## 나라를 다시 세우려는 노력들

백범 김구 묘역은 기념관 옆에 있었다. 꿈틀 일행은 돌계단을 올라 묘역으로 갔다. 3의사나 임정 요원 묘역처럼 묘의 주변에 소나무들이 빽빽하게 서 있었다. 빡쌤과 아이들은 묘 앞에서 눈을 감고 묵념을 올렸다.

일행은 조용히 돌아서 계단을 내려왔다. 숲이 우거진 산책로를 걸었다. 얼

**광복을 맞이하여 환호하는 사람들**
1945년 8월 15일 일본이 연합군에 무조건 항복하면서 우리나라는 광복을 맞이하게 되었어.

마 지나지 않아 정자가 있는 쉼터가 나왔다. 빡쌤과 아이들은 정자에 앉았다.

"이제 해방된 뒤 우리나라에서 어떤 일들이 일어났는지 이야기해 줄게."

빡쌤은 태블릿을 꺼내 음성 파일을 컸다. 파일에서는 지지직하는 소리와 함께 알아들을 수 없는 목소리가 흘러나왔다.

"이것은 1945년 8월 15일 12시 라디오에서 흘러나온 일본 천황의 목소리야. 연합군에 무조건 항복한다는 내용이란다."

"와아, 드디어! 이 라디오 방송을 들은 우리나라 사람들이 뛰어나와 만세를 불렀겠군요."

"하지만 음질도 좋지 않고 라디오를 가진 사람도 많지 않아 일제의 패망 소식을 많은 사람이 알지 못했어. 게다가 일본 경찰이 여전히 거리를 활보하고 있었으니 해방된 사실을 알 도리가 없었지."

"그렇게 기다리던 해방의 순간을 모르고 지나가다니 안타깝다!"

"그런데 8월 15일에 일제가 연합군에 항복한다는 사실을 이미 알고 있던 사람이 있었어. 바로 여운형이야. 조선 총독부 총감 엔도는 8월 15일 아침 일찍 여운형에게 항복 발표가 있을 거라는 사실을 알렸어. 그러면서 일본인들이 안전하게 일본으로 귀국하도록 도와 달라고 했지."

"여운형이라면 조금 전 일제의 패망 이야기에서 건국 동맹을 만들어 해방을 준비한 독립운동가 맞죠?"

"맞아."

"그런데 여운형에게 안전을 부탁한다고 해서 전국에 있는 수많은 사람이 그 말을 듣는다는 보장은 없잖아요? 가뜩이나 일본에 대한 울분이 가득 쌓여 있을 텐데."

"그러니까. 일제의 패망도 잘 모를 정도로 연락도 안 되는 상황이었고. 휴

대폰이라도 있으면 또 모를까."

"엔도가 여운형에게 부탁한 건 여운형이 존경을 받는 독립운동가니까 많은 한국인이 그의 말을 신뢰하리라 기대했기 때문이야. 또 1944년 여운형이 만든 비밀 조직인 조선 건국 동맹은 조직원이 전국에 1만여 명에 달했다고 해. 휴대폰은 없었지만 서로 뜻을 알리고 행동할 수 있는 조직이 있었던 거야."

"아, 그래서 명성도 있고 조직도 있는 여운형에게 부탁한 거군요."

"여운형은 일본인들의 안전한 귀국을 보장하는 대신 감옥에 갇혀 있는 독립운동가들을 즉각 풀어 주고, 서울에 있는 사람들이 3개월을 견딜 분량의 식량을 확보해 주고, 또 치안을 유지하고 건국 사업을 하는 데 일체의 방해를 하지 말 것을 요구했지. 엔도는 이 요구를 받아들이지 않을 수 없었고."

해방된 다음 날 엔도의 약속대로 감옥에 갇혀 있던 사람들이 풀려났어. 그제야 해방을 실감한 사람들은 거리로 뛰쳐나와 가슴이 터져라 만세를 외쳤어! 1910년 강제로 나라를 빼앗긴 지 35년 만에, 그리고 1919년 3월 1일 일제에 맞서 독립을 외친 지 26년 만에 우리 땅이 다시 우리 민족에게 돌아온 거야. 어린아이부터 노인까지 모두 눈물을 흘리며 얼싸안고 춤을 추었지. 마을마다 큰 잔치가 벌어졌고 밤이 새는 줄도 몰랐단다."

아이들은 감격에 겨워 가슴이 울컥했다.

"여운형과 동료들은 지체 없이 건국 동맹을 토대로 조선 건국 준비 위원회를 만들었어. 이름이 조금 길지? 줄여서 '건준'이라고 해. 그토록 기다리던, 누구의 지배도 받지 않는 우리의 나라를 세울 준비를 하는 모임, 어때 가슴이 벅차오르지?"

"아, 드디어 독립된 나라를 만드는군요!"

"건준이 조직되고 전국 각 지역마다 건준 지부도 연이어 만들어져 8월 말

**여운형**
여운형은 우리의 나라를 세울 준비를 하기 위해 조선 건국 준비 위원회를 만들었어. 사진은 여운형(가운데)이 연설장에서 사람들에게 둘러싸여 있는 모습이야.

에는 총 145개 지부가 결성되었어. 이들은 각 지역의 치안을 맡아 정부가 없는 상태에서 자칫 벌어질 수 있는 혼란을 예방했지. 해방 직후 몇몇 지역에서 일본인과 관청에 대한 공격이 있었지만 곧 진정되었어. 또 노동자들은 일본인이 떠난 공장을 스스로 관리해 정상적으로 운영되도록 했고. 한반도는 곧 안정을 되찾으며 새로운 나라를 세우는 작업을 진행했지."

"그런데 뜻대로 잘 되지는 않았나 봐요? 남북으로 분단되고 전쟁이 터진 걸 보면……."

은지가 심각한 얼굴빛으로 말했다.

## 새 나라의 기초를 망가뜨린 미군정

"안타깝게도 그래. 우리가 그동안 역사를 공부하면서 나라가 망하거나 큰 어려움을 겪을 때 공통적으로 어떤 상황이 벌어졌더라?"

"외적의 침입과 내부의 분열이 있었죠."

아이들은 동시에 대답했다. 그러나 신이 나서 하는 대답은 아니었다. 앞으로 벌어질 일 때문에 마음이 무거웠다.

"그렇지. 일단 건준의 구성을 보면 민족주의자와 사회주의자 등 다양한 정치적 성향을 띤 사람들이 함께했어. 그런데 이 가운데 사회주의자들은 건준에 참여하면서도 일제 강점기에 강제로 해체된 조선 공산당을 다시 세웠지. 지주나 기업가 등 일제 강점기에 기득권을 가졌던 사람들은 한민당을 결성했는데, 이 가운데는 친일파 출신도 많았어. 즉, 내부에서 분열이 일어나고 있었던 거야.

한편 국외에서는 더 심각한 문제가 다가오고 있었지. 앞서 일제를 항복시킨 건 미국의 공격과 소련의 참전 때문이라고 이야기했지. 미국과 소련은 일제의 지배하에 있던 한반도를 점령하려고 다가오고 있었어. 소련은 우리나라에 가까워 미국보다 먼저 한반도로 진입했어. 미국은 당황했지. 미국은 우리나라에서 거리가 멀어서 당장 한반도로 진입할 수 없는 상황이었고, 이러다가는 한반도에 대한 권리가 소련에게 통째로 넘어갈 수도 있다고 생각했어."

"기가 막혀. 왜 남의 나라를 두고 자기들이 난리래?"

아이들은 구한말 열강들이 조선을 제멋대로 짓밟고 다닌 것을 기억하고는 울분을 참지 못했다.

"김구가 우리 스스로 나라를 되찾지 못할 경우 예상했던 일이 실제로 벌어

지기 시작한 거야. 마음이 급한 미국은 서둘러 소련에게 38선을 경계로 이북은 소련이, 이남은 미국이 분할해 점령하자고 제안했어. 분단의 고통이라는 서막이 열리고 있었던 거지."

"아, 또다시 강대국들의 먹잇감이 되고 마는군요. 일제에게서 벗어난 지 얼마나 되었다고……."

아이들은 한숨을 푹 내쉬었다.

"북쪽을 점령한 소련은 김일성을 중심으로 공산주의자들이 나라를 세우도록 했어. 자신들과 같은 공산주의 국가를 세우게 한 거야. 반면 남쪽을 점령한 미국은 한반도 남쪽의 정부는 미군정뿐이라고 선언했어. 반면 건준이나 임시 정부는 인정하지 않았지. 아울러 건준을 통해 안정적으로 유지되던 체제를 일제 총독부 아래서 일하던 한국인 관리와 경찰에게 맡겼어. 물론 이들 대부분은 친일파였고."

친일파의 재등장에 아이들은 얼굴이 시뻘개져서 아우성쳤다.

**남한에 진주한 미군**
해방 후에 남한을 점령해 통치하고자 미군이 진주해 미군정을 실시했어.

**북한에 진주한 소련군**
해방 후에 북한에도 소련군이 진주했어. 남한에는 미군, 북한에는 소련군이 주둔하면서 한반도는 미국과 소련의 각축장이 되었지.

"아니, 건준이 나라의 안정을 찾아서 제대로 길을 걸어가고 있는데 도와주지는 못할망정 민족을 배신한 자들을 다시 들이다니!"

"말도 안 돼. 그놈들이 어떤 놈들인데. 독립운동가들을 잡아 가두고 일제가 우리나라 사람의 피땀을 뽑아 가도록 앞장선 놈들이잖아요."

"얼마나 많은 독립운동가와 민중이 목숨을 걸고 싸워 왔는데, 미국은 그것도 몰랐다는 거예요?"

"사실 그런 건 미국에게는 아무 상관이 없었어. 오히려 일제에 적극적으로 협력한 자들은 해방되면서 궁지에 몰려 있던 터라 미국 편에 서서 열심히 일할 테니 미국 입장에서는 그보다 좋은 인재도 없었겠지."

"난 미국이 우리나라를 해방시켜 준 고마운 존재로만 알고 있었어요. 분단

을 시킨 것도, 친일파를 살려 둔 것도 다 미국이었다는 거잖아요, 헐!"

"국제 관계에서 남의 나라를 위해 자기를 희생하는 나라는 없어. 모두 자기들 이익에 따라 행동하는 거지. 사실 일제가 우리나라를 식민지로 삼도록 인정한 것도 미국이었어. 대신 미국이 필리핀을 지배하는 데 일제가 인정하라는 조건을 내걸었지. 가쓰라-태프트 밀약에서 서로의 지배를 인정한 거야. 일본에 원자폭탄을 떨어뜨려 항복을 받아낸 것도 자기들 이익에 맞아서 그런 거고. 우리를 도와 해방시키려 한 건 아니라는 말이야.

"하긴 구한말에 통상을 요구하며 신미양요를 일으킨 나라도 바로 미국이었잖아요."

"힘이 없는 나라는 미국이든 일본이든 언제나 강대국의 시달림을 받게 되어 있어. 여기서 벗어나려면 무엇보다 나라의 구성원들이 똘똘 뭉쳐야 하지. 사람들이 한마음 한뜻으로 외세에 맞선다면 쉽게 휘둘리지 않아. 해방 직후야말로 민족의 단합이 무엇보다 중요한 엄중한 시기였어.

미국이 한반도 남쪽을 필요로 한 것은 당시 세계정세와 밀접한 관련이 있어. 소련이라는 공산주의 국가의 탄생은 자본주의 진영에 아주 큰 위협이었어. 세계 대공황 이래 자본가들은 노동자들이 혁명을 일으켜 자기들의 재산을 빼앗아 갈까 봐 전전긍긍하고 있었거든. 실제로 공산 국가가 생겨나고 이에 동조하는 세력도 늘어났지. 게다가 중국도 공산당과 국민당이 싸우고 있었고 얼마 지나지 않아 공산당이 이기면서 중국도 공산 국가가 되었어. 그래서 미국은 한반도 남쪽을 공산주의를 막는 방패로 삼으려 한 거야. 소련 역시 북쪽을 자본주의 세력의 침입을 막는 방패로 삼으려 했고.

이처럼 엄중한 시기에 해외에 있던 독립운동가들이 속속 한반도로 들어왔어. 김구도 국내로 들어오고, 미국에 있던 이승만도 국내로 들어왔어. 그러면

서 저마다 다른 정치적 입장을 바탕으로 앞으로 세워질 나라의 청사진을 내놓았단다.

이들의 입장은 다양했지만 정리하면 네 가지 정도로 나눌 수 있어. 첫째, 나라의 모든 자산을 개인이 아닌 국가가 소유하자는 공산주의자들과 사회주의자들. 이들은 당연히 사적 소유를 인정하는 자본주의를 배척했어. 둘째, 어느 정도 개인의 사적 소유는 인정하되 나라의 중요한 자산은 국가가 가지고 운영하자는 사회주의자들. 셋째, 자본주의를 바탕으로 나라를 세우되 사회 복지 등 개인의 최소한의 권리를 보장하자는 자본주의자들. 넷째, 완전한 사적 소유를 인정하고 국가가 그 권리를 보장하며 자유로운 경쟁을 통해 모든 것이 결정된다고 주장하는 자본주의자들.

이것을 보통 좌익과 우익으로 구분하는데, 옛날 프랑스 의회에서 진보적인 주장을 하는 사람들은 왼쪽 자리에, 보수적인 주장을 하는 사람들은 오른쪽 자리에 앉은 데서 유래했어. 즉, 좌익 하면 진보, 우익 하면 보수 이렇게 말이지. 따라서 사실 이 말은 공산주의나 자본주의 같은 것과는 상관없어. 다만 기존의 자본주의 질서를 허물고 새로운 체제를 만들자는

**귀국 후 연설 중인 이승만**
해외에 있던 이승만, 김구 등 독립운동가들이 해방 이후에 한반도로 들어와 저마다 다른 우리나라의 청사진을 내놓았어.

진보적 입장이 당시에는 공산주의였고, 기존의 자본주의 질서를 유지하고 지키자는 보수적 입장이 자본주의이다 보니, 공산주의를 좌익, 자본주의를 우익으로 나눈 거야. 따라서 좌익 하면 무조건 공산주의라고 생각해서는 안 돼. 지금의 것과 다른 제도와 체제를 서둘러 도입하자는 쪽을 좌익이라고 이해해야지.

이것은 굉장히 중요한 문제야. 독립운동을 하면서 사회주의나 공산주의 입장을 가진 사람들은 공산주의라는 이념에 맞는 나라를 세우겠다고 고집한 건 아니었어. 어떤 주의든 국민이 차별 없고 평등한 세상에서 행복하게 살 수 있는 나라를 꿈꾼 거지. 자본가의 탐욕으로 끝없이 불평등이 양산되는 체제는 정말로 해방된 대한민국의 모습이 아니었던 거야.

반면 자본주의를 옹호하는 사람들은 머리로 생각해서 만들어 낸 경제 체제인 공산주의가 사람들을 행복하게 만들 수 있다는 건 환상이라고 주장했어. 비록 일제 강점기에 시작된 자본주의 체제지만 토대는 그대로 두고 조금씩 자유와 평등의 영역을 넓혀 가자는 입장이었지.

아무튼 정치적 입장은 이렇게 좌익과 우익으로 크게 나눌 수 있고, 여기에 중도 좌파와 중도 우파가 더해지면서 좌파, 중도 좌파, 중도 우파, 우파, 이처럼 크게 넷으로 나눌 수 있는 거야."

"쌤, 그럼 민족주의는요?"

"사실 민족주의는 사회 체제 용어는 아니야. 다른 무엇보다 민족을 중심에 놓는다는 입장이니까 독립운동을 하는 사람이라면 사회주의도 자본주의도 모두 그 안에 포함된다고 할 수 있지. 다만 민족주의자라고 말하는 사람들 가운데 다수가 자본주의 체제를 인정하는 쪽이었으니, 굳이 나누자면 우익이라고 할 수 있지. 그러나 이들 역시 불평등을 양산하는 자본주의를 그대로 새로

운 나라의 근간으로 삼으려 하진 않았어. 모든 사람의 평등과 행복을 위해서라면 국가가 어느 정도 사적 소유를 제한해도 된다고 생각했지. 결국 공산주의를 인정하는 사람, 공산주의를 반대하는 사람, 그리고 서로의 입장을 어느 정도 받아들이려는 사람 등이 해방된 공간에서 다투는 형국이었어."

"아, 복잡하다!"

아이들은 머리를 감싸 안았다.

"해방 이후 미군정이 임시 정부와 건준을 부정하며 친일파를 내세우던 1945년 11월에 김구는 독립운동가들과 중국을 떠나 국내로 돌아왔어. 25년간 목숨을 걸고 독립운동을 이끈 임시 정부의 주석이 아니라 개인 자격으로 말이야."

"아, 이건 정말 아니야! 얼마나 고생을 많이 했는데……."

아이들은 눈물을 글썽였다.

"김구와 달리 김구보다 한 달 전인 10월에 미군정의 큰 환영을 받으며 국내로 돌아온 사람이 있었어. 바로 이승만이야."

"임시 정부 초대 대통령인데 탄핵당한 사람이잖아요. 국제 연맹에 우리나라를 통치해 달라고 했다가."

"해외에서 모은 독립 자금도 마음대로 썼다는 그 사람?"

"임시 정부 사람들은 무시당했는데 이승만은 환영을 받았다니 왠지 불안한걸? 미군정은 자기네 이익에 맞게 우리나라를 다루려고 하는 때인데……."

아이들은 임시 정부 초기 때 이야기를 떠올리고는 한마디씩 했다.

"이승만에 대한 평가는 극적으로 갈리는 부분이 많아서 아직 초등학생인 너희에게 딱 잘라 말하긴 뭐해. 아무튼 이승만은 미군 총사령관인 맥아더에게 여러 차례 편지를 써서 자기가 공산주의를 막을 적임자라고 거듭 호소했

다고 해. 미국 명문대 출신이고 기독교인이자 철저한 반공주의자라면 맥아더가 딱 마음에 들어 할 인물이지. 미국의 입장을 잘 대변할 아주 충분한 조건이었어. 그래서 맥아더는 일본으로 찾아온 이승만을 일제 강점기라면 총독부 총독 격인 미군정청 사령관 하지 중장에게 이승만을 소개시켜 주고 자신의 전용기를 빌려주어 귀국을 돕기까지 했어. 이렇게 국내로 들어온 이승만은 10월 20일에 열린 연합군 환영회에서 수만 명의 인파 앞에서 하지로부터 애국자라는 칭송을 받으며 화려하게 국내 정치에 등장하게 돼."

"그럼 이승만은 어떤 모습의 새로운 나라를 만들려고 했나요?"

"글쎄, 그게 딱 잡아서 말할 만한 건 없어. 친일파를 포함해 모두 힘을 합쳐 공산주의를 막자는 정도? 사실 이승만은 국민이 행복한 나라를 만들기 위한 고민보다 나라의 권력을 잡는 데만 관심이 있었지.

이렇게 해서 1945년 말까지 김구, 이승만, 김규식 등 해외 독립운동가들이 국내로 들어오면서 국내에서 독립운동을 하던 여운형, 박헌영 등과 대한민국의 앞날을 두고 치열하게 정책 경쟁을 벌이게 돼. 그런데 바로 그해 12월 16일, 우리의 미래를 결정지어 버리는 엄청난 사건이 벌어지지."

## 신탁 통치를 놓고 분열의 골이 깊어지다

아이들은 그 엄청난 사건이 무엇일까 궁금해하며 잔뜩 긴장한 얼굴로 빡쌤의 입만 쳐다보았다.

"미국과 소련, 영국의 외무장관은 한국 문제를 논의하기 위해 모스크바에서 만났어. 여기서 모스크바 3국 외상 회의라는 것이 열려. 영국은 제2차 세

계 대전의 승전국이지만 한반도 문제와는 거리가 좀 있어서 실제로 한반도를 남북으로 나눠 점령하고 있는 미국과 소련이 의견을 조율하는 자리였어. 미국은 일제가 항복하기 전부터 루스벨트가 한반도를 30년간 신탁 통치를 해야 한다고 주장했지. 반면 소련은 해방되면 바로 독립을 인정해 주자는 쪽이었어. 논의 결과 세 나라의 외무장관은 다음과 같은 내용을 결정했단다.

첫째, 한반도에 통일된 임시 민주주의 정부를 수립한다.
둘째, 이를 위하여 미군과 소련군의 대표자들로 구성된 미·소 공동 위원회를 설치한다.
셋째, 연합국들은 최고 5년 동안 한반도를 신탁 통치*한다. 단, 구체적인 내용들은 미·소 공동 위원회와 임시 정부가 협의를 통해서 결정한다.

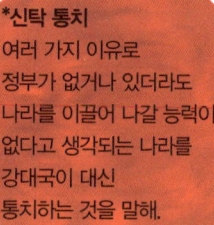

*신탁 통치
여러 가지 이유로 정부가 없거나 있더라도 나라를 이끌어 나갈 능력이 없다고 생각되는 나라를 강대국이 대신 통치하는 것을 말해.

"30년 동안이나 우리를 간섭하겠다고요? 기가 막혀서 말이 안 나온다!"
시루가 가슴을 주먹으로 탁탁 쳤다.
"그래도 5년으로 줄었잖아."
마리가 한숨을 푹 내쉬었다.
"어쨌든 우리 일에 감 놔라 배 놔라 하겠다는 거잖아요. 해방 직후 아무런 혼란 없이 사회를 잘 유지해 왔는데 무슨 소리죠? 그럼 다시 우리가 남의 지배를 받는다는 거예요?"
시루가 성난 황소처럼 거칠게 씩씩거렸다.
"제국주의에 의한 식민 지배와는 다르지만 다른 나라의 생각대로 우리나라의 미래가 결정된다는 점에서는 같다고 할 수 있어. 그러나 여기서 '통일'

**신탁 통치 오보 사건**
동아일보 1945년 12월 27일 1면이야. 헤드라인에 '소련은 신탁 통치 주장, 미국은 즉각 독립 주장, 소련의 구실은 38선 분할 점령'이라는 거짓 기사가 게재되어 있어.

이란 단어에 주목할 필요가 있지. 남과 북이 분단된 것이 아니야. 여기서 외세로부터 벗어나 완전한 독립을 이루느냐, 아니면 완전한 독립을 유보하고 통일된 정부를 세우느냐 두 가지 입장으로 나뉘겠지. 물론 가장 좋은 건 당장 외세의 간섭에서 벗어나 통일된 나라를 세우는 것이겠지만 말이야.

12월 27일 동아일보는 모스크바 3국 외상 회의 내용을 이렇게 보도해. '3국 외상 회의에서 연합국이 한반도를 신탁 통치하기로 결정했다. 미국은 한반도를 즉각 독립시키자고 했는데 소련이 신탁 통치를 주장하는 바람에 그렇

게 되었다.'라고 말이야."

"헐, 이건 또 무슨 소리예요? 신탁 통치를 하자고 한 건 미국이잖아요?"

"명백히 잘못된 보도였지. 동아일보는 미국과 소련의 주장을 뒤바꿔 보도한 데 그치지 않고 임시 민주주의 정부 구성에 관한 부분은 빼고 신탁 통치 부분만 잔뜩 부풀려서 보도했어. 잘못된 보도가 미친 영향은 어마어마했지. 35년간 죽음과 같은 식민 지배에서 겨우 벗어난 우리나라 사람들은 두려움과 절망감과 허탈감에 휩싸이지 않을 수 없었단다.

스스로 새로운 나라 건설을 준비하던 사람들은 이에 즉각 반응해. 우선 우익인 김구는 목숨을 걸고 신탁 통치를 막기 위해 대한민국 임시 정부를 중심으로 뭉치자고 외쳤어."

### 동아일보와 김성수

동아일보는 일제 강점기 중 문화 통치가 이루어지던 시기에 창간되어 독립운동에 기여했지만, '손기정 올림픽 마라톤 우승 사진 일장기 말소 사건'으로 폐간되고 말았어. 일제 협력자 김성수가 다시 발간하면서 일제의 지배를 미화하고 전쟁 참여를 부추기는 등 온갖 반민족적 행위를 저질렀지. 김성수는 해방 이후 친일파 지주, 기업가 등을 중심으로 만들어진 한국민주당의 핵심 인물이었어. 그런데 왜곡된 보도가 사회의 혼란을 불러오고 새로운 나라를 건설하는 데 방해가 될 것이 뻔한 상황에서도 그런 보도를 한 것이 과연 실수일까 하는 의문을 품는 사람들이 많아. 친일파들은 해방된 새로운 나라가 아니라 그대로 일제의 영향 아래 있는 나라를 원했으니까.

"맞아요. 이미 1919년부터 건국을 준비했던 임시 정부가 새로운 나라를 이끌면 되겠네요!"

파래가 손뼉을 딱 하고 쳤다.

"야, 아까 미군정이 임시 정부를 인정하지 않았다고 했잖아."

시루가 파래의 팔을 툭 쳤다.

"휴, 그렇지."

"쌤, 그럼 모두가 신탁 통치에 반대했나요?"

"처음에는 우익과 좌익 구분 없이 모두 반대했지. 그런데 박헌영을 중심으로 한 좌익은 소련을 통해 자초지종을 듣고 나서 일단 신탁 통치를 받아들여 통일된 임시 정부를 구성하는 게 낫다고 판단했어. 신탁 통치 문제는 그다음에 풀어 나가도 된다고 생각한 거야. 지금 당장 강대국에 맞서서 신탁 통치를 거부할 힘이 없다고 판단했거든. 그래서 '모스크바 3국 외상 회의 결정 지지' 즉 찬탁을 주장했어."

"이승만은요? 미군정의 지지를 받는 이승만은 어떤 입장이었나요?"

"이승만과 한민당은 소련의 신탁 통치 주장을 반대하면서 신탁 통치를 찬성하는 사회주의자와 소련에 맞서 반공산주의, 반소련 투쟁을 전개했어. 그러자 친일파들은 반탁(신탁 통치 반대) 운동에 적극적으로 참여하면서 '신탁 통치 찬성으로 민족의 독립을 막는 좌익은 민족의 배신자!'라고 떠들었어. 그리고 반탁을 주장하는 자신들이 마치 애국자나 된 듯 행세했지."

"아, 어떻게 세상이 잘못되어 가는 것 같아."

은지가 탄식했다.

"신탁 통치를 놓고 좌익과 우익이 정반대의 목소리를 내며 점점 극단적으로 대립하기 시작했어. 게다가 분열과 대립을 이용해 자기들의 입지와 이익

을 획득하려는 세력이 부채질하면서 상황은 실타래처럼 꼬여 갔지.

그러던 중 이듬해 1946년 3월 1일, 3·1절이 되었어. 좌익 세력은 남산공원에서, 우익 세력은 동대문 서울운동장에서 따로따로 3·1절 기념식을 열었어. 그런데 3·1 정신을 기리는 것보다 각자 신탁 통치에 대해 반대 의견을 가진 상대방 쪽을 비난하는 성토장이 되었지."

"3·1 운동만은 모두가 가슴 벅차게 되새겨야 할 일인데 해방된 지 1년 만에 이게 무슨 일이래요, 휴우."

"그러게 말이야. 3·1 운동에 목숨을 걸고 나섰던 사람들이 바라던 모습이었을까?"

"자, 흥분 가라앉히고 들어 봐. 두 세력은 행사를 마치고 거리를 행진했는데 남대문 근처에서 맞닥뜨리고 말았어. 두 세력은 각각 '신탁 통치 반대!', '삼상 회의 결정 지지!'를 외쳤고 극도로 흥분하기 시작했지. 마침내 상대편에 돌팔매질을 하고 마구 뒤엉켜 싸움을 벌였어. 싸움은 서울뿐만 아니라 전국 곳곳에서 벌어지면서 많은 사람이 죽거나 다치고 말았어. 특히 제주도에서 있었던 1947년 3·1절 기념 대회에서 벌어진 총기 발포 사건은 이듬해 4월 3일 엄청난 비극을 불러오게 되지. 이제 좌익과 우익은 서로 상대편을 적으로 여기는 지경에 이르렀어."

"남쪽에서 좌우 대립으로 혼란스러운 상황이 벌어지는 동안 이북에서는 어떤 일이 있었는지 알아볼까?

이북에도 좌파와 우파가 있었지만 소련을 등에 업은 좌파의 영향력이 압도적이었어. 1946년 2월 8일, 이북의 좌파들은 임시 정부 역할을 하는 북조선 임시 인민 위원회를 결성하고 위원장으로 김일성을 추대했지.

그리고 한 달이 채 지나기 전인 1946년 3월 5일 농민들의 염원이었던 토지

**모스크바 3국 외상 회의 지지 집회(위)와 신탁 통치 반대 집회(아래)**
모스크바 3국 외상 회의에서 신탁 통치 결정이 내려지자 우익은 이에 지지하고 좌익은 반대하는 집회를 열었어. 좌우의 대립이 극단적으로 드러났던 사건이야.

개혁을 무상 몰수 무상 분배 원칙하에 실시했는데, 단 한 달 사이에 개혁을 완수했어.

북조선 임시 인민 위원회는 한 사람이 농사 지을 수 있는 땅의 크기를 정한 뒤 그 이상은 몰수해 농민들에게 나눠 주었어. 또한 일제 강점기에 일본인이나 친일파가 소유한 땅도 몰수했단다.

대부분의 농민들은 토지 개혁을 크게 반겼고, 남한의 농민들도 빨리 토지 개혁이 이루어지길 바랐어. 그러나 토지 개혁으로 땅을 잃게 된 지주들은 이남으로 내려와 서북 청년단 등의 우익 단체를 만들었지.

서북 청년단은 우파 정치인과 지주 및 기업가의 지원을 받으며 소위 '빨갱이 사냥'이라고 불리는 좌파 공격에 선봉대 노릇을 했어. 이들은 우파의 의견에 반대하는 사람을 무조건 공산주의자로 몰아세우며 잔인한 폭력을 서슴지 않았어. 그러면서 좌파와 우파의 대립은 극단으로 치달았지.

이북의 토지 개혁은 사회주의 건설의 토대 마련, 극우 세력의 남쪽 유입이라는 결과뿐만 아니라 임시 정부라고는 하지만 개혁을 집행하는 실질적인 정부가 세워졌다는 사실을 보여 주는 일이었어. 이는 공권력을 행사하는 주체가 있다는 것인데 그게 바로 정부야. 공권력이 아니라면 지주*들이 순순히 땅을 내놓을 리 없잖아?

이렇게 이북에서 정권이 모양새를 갖추어 가자 1946년 6월 3일 이승만은 정읍에서 남한만의 단독 정부를 세우자고 발언했어. 그리고 북한에서 소련이 물러나게 하자고 주장했지."

"어, 그럼 통일된 임시 정부를 포기하고 남북을 분단시키자는 거잖아요?"

은지가 안타까운 표정을 지었다.

*지주
지주의 토지뿐만 아니라 공장 등 주요 시설 등에 대한 국유화도 진행되었어.

"정부를 세우고 나서 통일을 하겠다고 하잖아."

파래가 한마디했다.

"결국은 전쟁을 벌이겠다는 말이지. 북한 권력의 배후인 소련이 물러날 리는 없을 테니 말이야. 서로 죽고 죽이면서 하는 게 무슨 민족 통일이냐?"

시루가 파래의 말에 핀잔을 주었다.

"내가 뭐랬다고 그래? 이승만의 말을 그대로 따라한 것뿐인데……."

파래가 억울한 표정을 지어 보였다.

"전쟁으로 통일을 하겠다는 것은 굉장히 위험한 생각이야. 상대방을 죽이면서 목적을 달성하겠다는 거니까. 그런데 전쟁이라는 말이 나올 정도로 당시 좌파와 우파의 대립은 극단으로 치닫고 있었어. 이대로 두었다가는 정말 무슨 일이 벌어질지 모르는 상황이었지."

"누가 좀 말려야 할 것 같은데……."

마리가 걱정스러운 표정으로 말했다.

## 나라를 위해 힘을 합치자

"아까 여러 정치 분파를 이야기할 때 좌파와 우파 사이에 어떤 세력이 있었다고 했지?"

"중도 좌파와 중도 우파요."

"맞아. 중도 좌파와 중도 우파는 서로 다른 입장에 대해 어느 정도 포용하고 인정하는 사람들이었어. 중도 좌파의 리더는 여운형이었고, 중도 우파의 리더는 김규식이었지.

김규식은 극단으로 치닫는 좌우 대립으로 민족의 앞날이 캄캄하다며 분열을 멈추고 힘을 합쳐야 한다고 말했어. 그러면서 미·소 공동 위원회를 다시 열고, 통일된 임시 정부를 세우고 나서 신탁 통치 문제를 풀어 가자고 했지.

그래서 중도 좌파의 여운형과 중도 우파의 김규식을 중심으로 1946년 7월 좌우 합작 운동을 벌이게 돼. 좌우가 힘을 합쳐 남과 북, 좌와 우의 분열을 막고 통일된 나라를 만들자는 운동이었지.

그런데 우파인 김구는 신탁 통치는 절대 허락할 수 없다면서 이 운동을 거부했어. 이승만은 이미 남한만의 단독 정부를 세우고 북진 통일을 주장한 마당이니 당연히 좌우 합작을 반대했고. 좌파인 박헌영도 우파와 손을 잡는 일을 받아들이지 않았지.

이런 상황에서 1947년 3월, 미국 대통령 트루먼은 일본에 원자폭탄을 떨어뜨렸던 것처럼, 민족의 앞날에 거대한 폭탄과 같은 선언을 해. 공산주의와 싸우는 나라나 정부에 대대적인 경제 및 군사 지원을 하겠다고 한 거야. 이 말은 곧 공산주의를 지원하는 소련에 대한 선전 포고와 같은 것이었어. 이제 미국과 소련은 제2차 세계 대전의 동지가 아니라 적으로 돌아선 거지.

한반도를 둘로 나눠 점령한 미국과 소련이 적이 되었다면 남쪽과 북쪽도 적이 될 운명이었단다. 세계를 양분한 두 강대국의 극단적인 대립은 한반도에도 그대로 영향을 미쳤어. 이런 상황에서 중도파는 설 곳을 잃어 갔지.

또 좌우 합작 위원회가 내세운 토지 개혁이나 친일파 문제의 해결도 각자 이익에 맞춰 주장을 굽히지 않는 좌파와 우파의 대립으로 흐지부지되고 말았어. 그러다가 1947년 5월 여운형이 극우파 청년의 총에 암살당하면서 좌우 합작 운동은 실패로 돌아가고 말았단다.

비록 좌우 합작 운동은 실패했지만 좌익와 우익, 소련과 미국이 적개심으

로 맞서고 우익의 테러가 아무렇지도 않게 자행되던 무서운 시대에, 민족의 앞날을 걱정하며 용감하게 나선 사람들을 결코 잊어서는 안 되겠지.

미·소 공동 위원회가 아무런 성과를 내지 못하고 끝나자 미국은 유엔(국제 연합)에 한반도 문제를 넘겨 버렸어. 사실 유엔은 미국의 영향력 아래 있던 국제기구라 유엔의 결정은 곧 미국의 뜻과 같다고 할 수 있었어.

유엔은 남북한 총선거를 통해 하나의 정부를 세우기로 결정했어. 그리고 총선거를 지원하기 위해 유엔 한국 임시 위원단을 한반도에 파견했지. 임시 위원단은 남쪽에서 선거와 관련된 업무를 마치고 북쪽으로 가려 했는데, 북쪽에서는 소련과 김일성이 들어오지 못하도록 막았단다."

"왜요? 애초에 통일된 임시 정부를 세우자고 제안한 쪽은 소련이었잖아

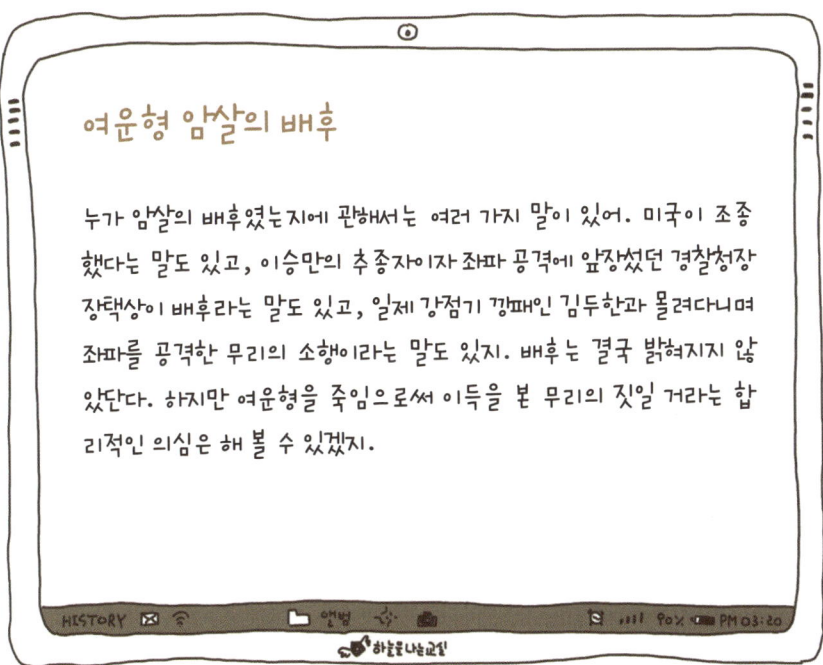

### 여운형 암살의 배후

누가 암살의 배후였는지에 관해서는 여러 가지 말이 있어. 미국이 조종했다는 말도 있고, 이승만의 추종자이자 좌파 공격에 앞장섰던 경찰청장 장택상이 배후라는 말도 있고, 일제 강점기 깡패인 김두한과 몰려다니며 좌파를 공격한 무리의 소행이라는 말도 있지. 배후는 결국 밝혀지지 않았단다. 하지만 여운형을 죽임으로써 이득을 본 무리의 짓일 거라는 합리적인 의심은 해 볼 수 있겠지.

요?"

"총선거를 하면 지지하는 사람이 많은 쪽이 권력을 잡을 거 아니야? 당시 이남이 이북보다 인구가 훨씬 많았거든. 이런 상황에서 선거를 하면 이남 쪽의 지지를 받는 김구나 이승만을 김일성이 이길 가능성은 거의 없었거든. 그러면 미국의 이익을 대변할 정부가 설 테니 소련은 닭 쫓던 개 지붕 쳐다보는 꼴이 되겠지. 게다가 이북에는 이미 김일성을 우두머리로 하는 정부가 있는 상태였잖아. 굳이 총선거를 실시해 미국에게 한반도 전체를 넘기느니 북쪽만이라도 자기 영향력 아래 두는 게 나았지. 그러자 유엔은 38선 남쪽에서만 선거를 치르기로 결정해 버렸어. 이렇게 해서 우리 민족이 두 개의 나라로 쪼개지는 일이 정해진 거야."

**유엔 한국 임시 위원단 환영식**
유엔은 남북한 총선거를 지원하기 위해 유엔 한국 임시 위원단을 한반도에 파견했어. 남한은 유엔 한국 임시 위원단을 환영했지만 북한은 그렇지 않았단다.

"아우, 이거 뭐 한반도를 두고 땅따먹기를 한 셈이군요!"

시루가 주먹으로 가슴을 쿵쿵 쳤다.

"나라가 두 쪽이 나는데 가만있으면 안 되죠!"

"가만있지 않았지. 이승만과 그를 따르는 우파 세력은 두 팔을 들고 환영했어. 자기들이 원하는 대로 착착 일이 진행되고 있었으니까."

"아, 안 돼!!"

아이들은 안타까운 비명소리를 냈다.

"분단을 통해 권력을 잡을 생각에 신이 난 세력 말고 분단이 민족에게 어떤 비극을 가져올지 아는 사람들도 있었어. 아까 좌우 합작 운동을 이끌던 중도 우파 김규식이 대표적이야. 그리고 또 한 사람, 임시 정부의 주석 김구도 분단을 막으려고 나섰어."

"김구는 우파 아니에요? 좌우 합작 운동도 반대했던."

"김구는 공산주의를 반대하는 사람이잖아. 그래서 좌파와 손을 잡는 좌우 합작 운동을 반대한 것이고. 그러나 민족이 분단되는 상황은 그냥 두고 봐서는 안 될 아주 심각한 문제라는 것을 알고 있었지. 대한민국 임시 정부가 광복군을 양성해 한반도에서 일제를 몰아내려 하다가 일본의 항복으로 허무하게 뜻을 이루지 못하는 상황이 되자 김구가 크게 실망하고 걱정했던 것 기억나지? 김구는 강대국의 이해관계에 휘둘리는 상황이 어떤 결과로 이어질지 잘 알고 있었어. 강대국 사이의 이념 대립으로 분단될 경우 어떤 일이 벌어질지도 알고 있었고. 이승만이 정읍에서 외친 바로 그 '전쟁' 이었지."

"아, 다음에 이어질 일이 무엇인지 아니까 더 이상 못 듣겠어!"

6·25 전쟁에 관해 들은 적 있던 아이들은 귀를 막았다. 빡쌤은 아이들의 흥분이 가라앉을 때까지 말을 멈췄다. 아이들은 서로 눈치를 보다가 은지가 귀

에서 손을 떼자 따라서 손을 뗐다.

"김구와 김규식은 많은 반대를 무릅쓰고 38선을 넘어 김일성을 비롯한 북한의 정치인들과 만나 머리를 맞대고 통일 정부를 세우는 방안을 논의했어."

"김구는 공산주의를 반대하는 우파인데 공산주의자들과 만났다고 하니 잘 이해가 안 돼요."

"김구에게 민족이란 어떤 것보다 우선시되어야 할 중요한 것이었어. 민족이 두 동강 나는 상황은 어떻게든 막아야 할 문제였고."

"그래서 결과는 어떻게 되었나요?"

"그런데 때가 너무 늦었어. 북한과 회의를 하고 돌아온 날은 남한만의 총선거를 닷새 앞둔 날이었거든. 닷새 사이에 뭘 할 수 있겠니? 결국 한반도의 분단을 도장 찍는 총선거가 예정대로 치러졌단다."

**북한으로 가는 김구 일행**
김구 일행이 남북 연석 회의에 참석하기 위해 38도선을 넘어 북한 평양을 향하는 모습이야.

# 밑줄 쫙!  은지의 한국사 노트

1. 일제 패망 후 □□이 미국보다 먼저 한반도로 진입하자 한반도에 대한 영향력을 □□에 모두 넘길 것을 우려한 미국은 38선을 경계로 이북은 □□이, 이남은 미국이 분할해서 점령하자고 제안했다.
   소련' 소련' 소련

2. 남쪽을 점령한 미국은 건준이나 임시 정부를 인정하지는 않고 일제 총독부 아래서 일하던 □□□에게 치안과 행정을 맡겼다.
   친일파

3. 모스크바 3국 외상 회의에서 한반도가 안정되어 스스로 나라를 운영할 능력이 있을 때까지 미국과 소련이 한반도 남쪽과 북쪽을 각각 나누어 □□ □□하기로 결정했다.
   신탁 통치

4. □□ □□□은 이북의 토지 개혁에 반대해 남쪽으로 내려와 우파에 반대하는 사람들에게 무차별 폭력을 휘두른 집단이다.
   서북 청년회

5. 중도 좌파인 여운형과 중도 우파인 김규식은 민족의 미래를 위해 좌파와 우파가 힘을 합쳐 통일 정부를 수립하자고 제안했다. 이것을 □□ □□ □□이라고 한다.
   좌우 합작 운동

분단을 막으려는 김구 등의 노력에도 불구하고 한반도 남쪽과 북쪽에 이데올로기가 정반대인 정부가 들어섰어. 하나의 민족이 두 개의 나라로 갈라진 거야. 더욱 심각한 것은 두 나라의 뒤에 전 세계를 이데올로기적으로 양분한 강대국이 버티고 힘 겨루기를 하고 있었던 거란다. 남한과 북한은 이제 하나로 합칠 기회를 완전히 잃고 파국을 향해서 달리기 시작했어.

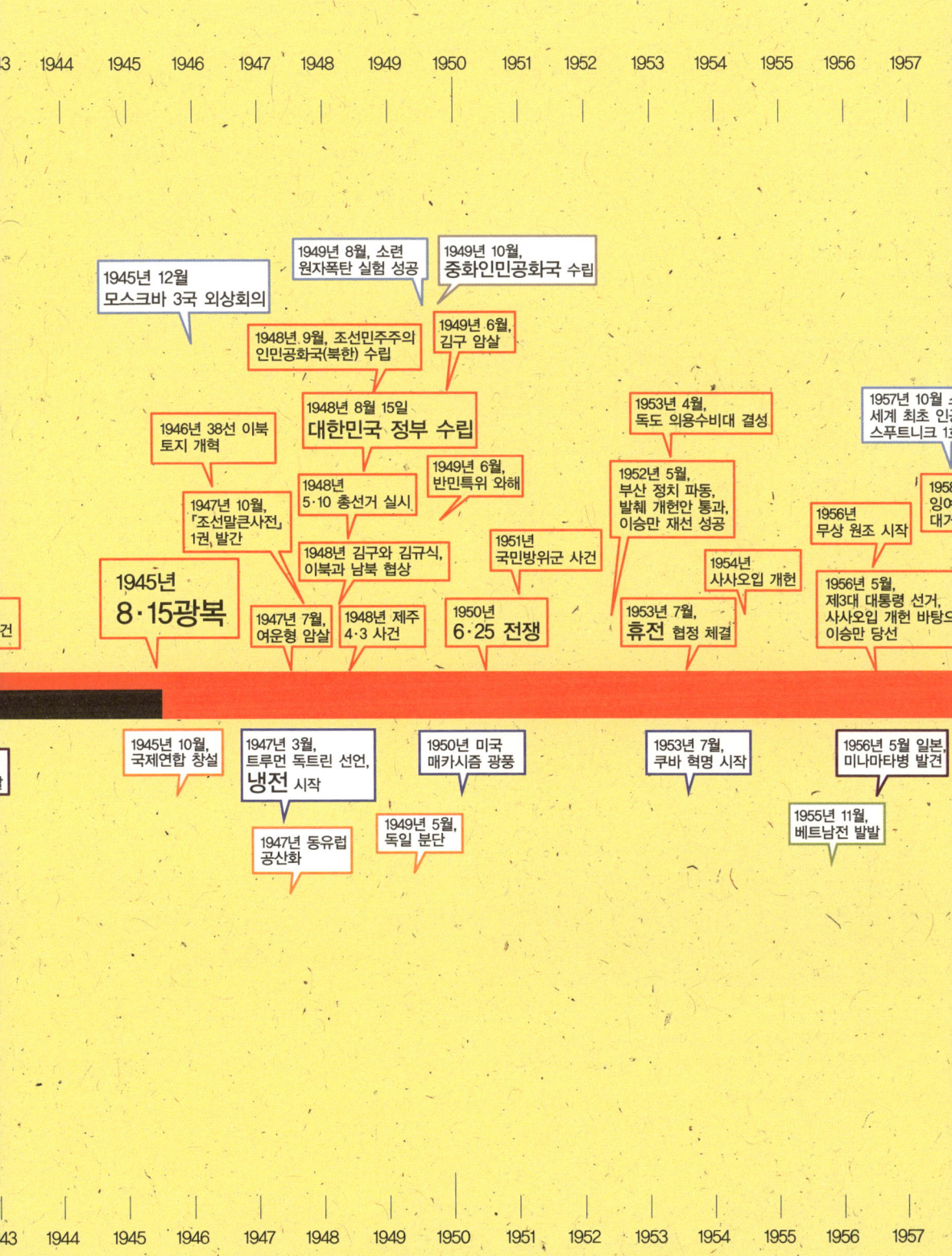

## 하나의 민족, 두 개의 나라

"1948년 5월 10일 남한에서만 총선거가 치러졌어. 총선거는 보통 줄여서 '총선'이라고 하는데, 국회의원을 뽑는 선거를 말해. 대통령을 뽑는 선거를 '대선'이라 하고. 국회를 구성해 법을 먼저 만들어야 국가의 체제를 결정할 수 있으니까 대통령보다 국회의원을 먼저 뽑은 거야.

5·10 총선은 여러 문제가 있는 선거였지만 우리 민족 최초의 민주주의 선거였어. 이전에는 왕이 대를 이어 나라를 다스렸잖아. 나라의 주인은 왕이었고 나랏일을 하는 관리들은 과거를 통해 왕이 뽑았지. 그런데 이제 나라의 주인은 국민이고 선거를 통해 나랏일을 하는 일꾼을 국민이 뽑게 된 거야. 가난한 사람이나 부유한 사람이나, 남자나 여자나, 배운 사람이나 못 배운 사람이나 우리나라 국

**5·10 총선거 포스터**
5·10 총선거 때 포스터를 만들어 대대적으로 참여를 독려했어. 포스터의 독립문 그림과 '총선거로 독립문은 열린다'라는 문구가 인상적이야.

**5·10 총선거 실시**
1948년 5월 10일 남한에서만 총선거가 치러졌어. 반쪽짜리 선거이기는 하지만 한국 역사에서 최초로 치러진 민주주의 선거라는 데 의미가 크지.

민이면 누구나 평등하게 선거권을 행사할 수 있었어. 자기가 누굴 찍었는지 아무도 모르게 해서 나중에 불이익을 받는 일이 없도록 비밀 투표로 했지."

"이 모든 걸 1919년 대한민국 임시 정부의 임시 헌법에서 정한 거잖아요."

"맞아. 바로 대한민국 임시 정부에서 나라 이름을 '대한민국'으로 정하고, 모든 국민에게 평등한 선거권을 주는 것을 헌법으로 정했지. 그러나 일제 강점기여서 선거를 실시하지는 못했는데, 드디어 국민이 민주주의 사회의 주인으로서 자신의 주권을 최초로 행사한 거야."

"남북한이 함께 총선거를 치렀으면 좋았을 텐데 아쉽네요."

"그렇지. 하지만 5,000년 역사에서 최초로 치러진 민주주의 선거라는 데 의미가 아주 크지."

**제헌 국회 개헌식**
5·10 총선거에서 선출된 국회의원들이 모여 제헌 국회 개헌식을 열었어. 이승만을 제1대 국회 의장으로 추대했지. 사진에서 국회 의장석에 서 있는 사람이 이승만이야.

### 최초 헌법의 주요 내용

헌법 제1조
1) 대한민국은 민주 공화국이다.
2) 대한민국의 주권은 국민에게 있고, 모든 권력은 국민으로부터 나온다.

"김구나 김규식도 선거에 참여했나요?"

"남한만의 선거에 참여한다는 건 분단을 인정한다는 말이니 참여할 수 없었겠지. 김구와 김규식을 비롯해 남한만의 단독 선거를 반대하던 사람들은 거의 대부분 선거에 불참했어."

"그럼 결과는 뻔했겠네요. 남은 건

단독 선거를 찬성하던 이승만 세력이니까요."

"그래. 이승만을 따르는 사람들이 대거 당선됐어. 그렇게 뽑힌 국회의원들이 새 나라의 골격인 헌법을 만들었고. 이때의 국회는 헌법을 만들었다고 해서 제헌 국회라고 불러. 1948년 7월 17일 대한민국 최초의 헌법이 공포돼. 이날을 제헌절로 정해 해마다 기념하지."

"여기서 뽑힌 국회의원들은 이승만을 대통령으로 뽑았어. 지금은 국민이 직접 투표해서 대통령을 뽑지만, 당시에는 국민이 뽑은 국회의원이 대통령을 선출하는 식이었지. 이것을 간선제, 즉 국민의 의견이 간접적으로 반영되는 선거 제도라고 해. 국민이 대통령을 직접 뽑는 건 직선제라고 하고."

**초대 대통령 이승만**
제1대 국회의원들은 이승만을 초대 대통령으로 선출했어. 사진은 초대 대통령 취임식 장면이야.

"이승만을 따르는 세력이 국회를 장악하고 있었으니 이승만이 대통령이 되는 건 이미 정해졌겠네요."

"맞아. 이렇게 해서 1948년 8월 15일 민주 공화국을 표방하는 대한민국 정부*가 정식으로 들어서게 되었어."

"이걸 좋다고 박수 쳐야 하나요?"

*대한민국 정부
이남에 정부가 들어서자 이북은 그 다음 달 9월 9일에 조선민주주의인민공화국이라는 국호로 정부를 세워. 이제 남과 북은 각각 자본주의와 공산주의라는 대립되는 이념을 갖는 정부가 들어서고 분단은 돌이킬 수 없는 운명이 되고 말았단다.

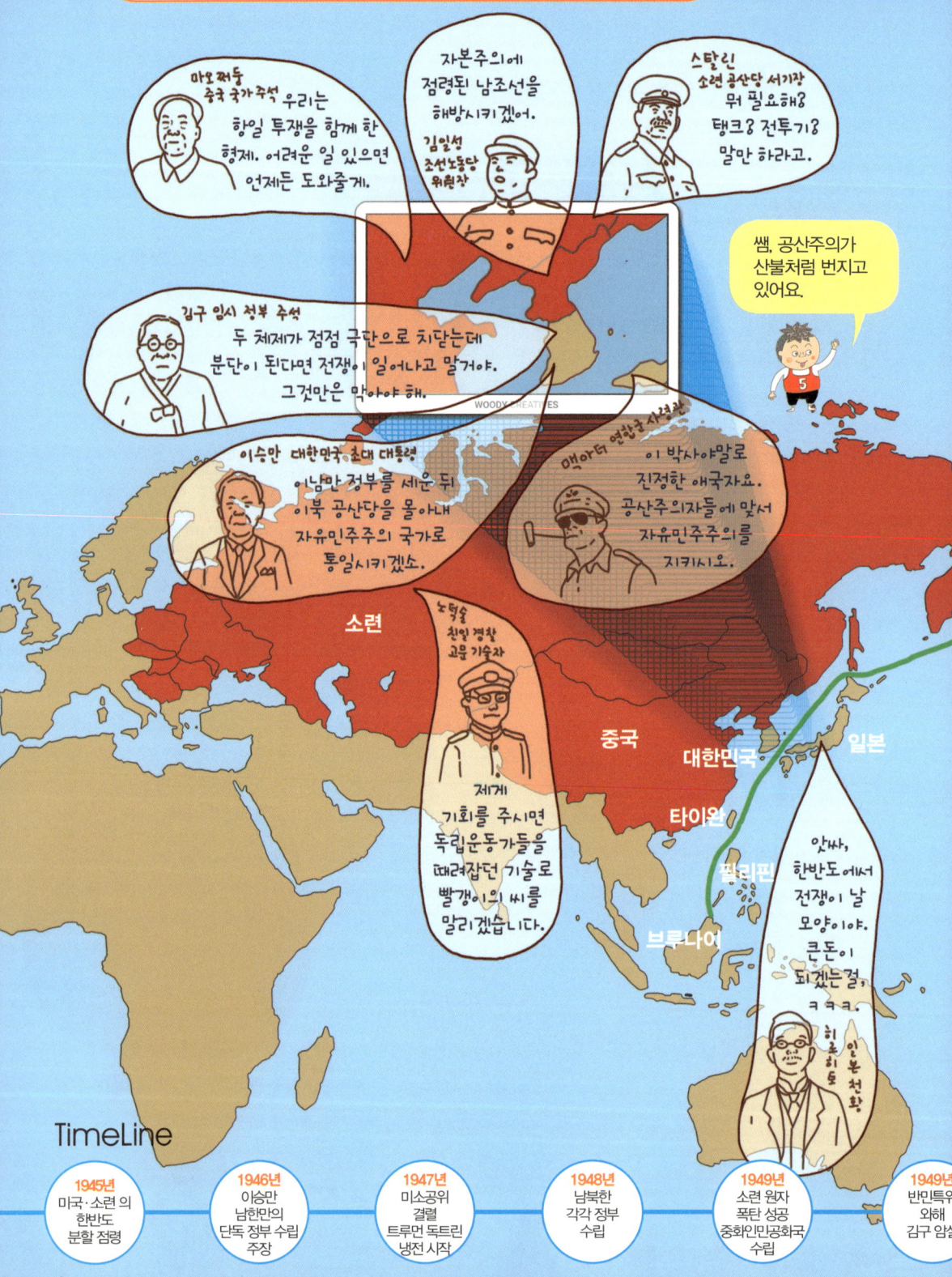

**빡쌤**: 한반도 이북에서는 소련과 중국의 지원을 등에 업은 김일성이, 이남에서는 미국의 지지로 힘을 얻은 이승만이 각각 정부를 세우겠다고 하면서 한반도는 두 쪽으로 쪼개질 위험에 빠졌어.

공산주의 확산에 미국은 공산주의와 싸우는 나라에 경제·군사적 지원을 했고 두 진영의 대립은 격화되었어. 문제는 서로 세력을 넓히려는 두 세력의 힘이 한반도에 몰리게 된 거야. 그리고 그 힘을 이용해 권력을 잡으려는 사람들이 있었지.

**시루**: 얼마나 어렵게 맞이한 광복인데 이렇게 서로 싸워서는 안 되죠.

**빡쌤**: 그래서 김구는 남과 북이 통일된 정부를 세워야 한다며 김일성을 설득하러 나섰어. 분단이 결국 전쟁으로 이어질 거라 우려했지.

### 애치슨 라인
알류샨 열도-일본-오키나와-필리핀을 잇는 선으로 중국과 소련을 중심으로 한 공산주의 확산을 저지하기 위한 최종 방어선이다. 1950년 미국 국무장관 애치슨이 발표한 이 선은 한국을 방어선 안으로 포함시키지 않아 북한이 전쟁 도발한 하나의 원인이 되었다.

WOODY CREATIVES

**마리**: 휴, 다행이다. 어, 그런데 현재 우리는 분단되어 있잖아요. 그렇다면?

**빡쌤**: 맞아. 김구의 노력은 수포로 돌아갔어. 이승만과 김일성은 각각 자본주의와 공산주의를 대변하는 정부를 남쪽과 북쪽에 세웠어.

트루먼 미국 대통령
공산화될 위험에 처한 나라에 경제·군사적 지원을 하겠습니다. -트루먼 독트린

**파랭**: 그럼 남한만은 일단 공산화에서 벗어난 거네요?

경제적 어려움으로 공산주의에 빠질 위험이 증가하고 있습니다. 경제적 원조를 통해 자유민주주의를 지켜야 합니다. -마셜 플랜

애치슨 라인
알류샨 열도

**빡쌤**: 그렇긴 하지만 여길 봐. 이걸 애치슨 라인이라고 하는데, 미국이 공산주의를 막겠다고 그어 놓은 최후의 저지선이야.

**파랭**: 어? 그런데 한국은 빠져 있네요. 그럼 우리는 공산주의에 먹히거나 말거나 상관없다는 건가요?

**빡쌤**: 상관없는 건 아니지만, 누군가에겐 상관없다는 사인으로 보일 수도 있었겠지.

**은지**: 그 말씀은 남한을 공산화하려는 김일성에게는 일종의 그린라이트로 보일 수도 있었겠군요.

1950년
미국 매카시즘 광풍
6·25 전쟁 발발

**빡쌤**: 맞아. 그게 하나의 원인이 되었을 거야.

아이들은 뭔가 개운치 않은 표정을 지었다.

"여러 가지 아쉬운 부분이 있지만, 국민이 나라의 주인인 우리 민족 최초의 정부가 들어섰으니 축하할 일이지. 그런데 5월 10일 선거가 치러지고 국회와 정부가 세워지는 그 시간에 제주도에서는 끔찍한 일이 벌어지고 있었어."

## 죽음의 섬이 된 제주도

"총선거가 있기 1년여 전 1947년 3월 1일 제주도에서도 3·1절 기념행사가 있었어. 그런데 경찰이 탄 말의 발굽에 어린아이가 밟히는 일이 벌어졌지. 사람들은 도망가는 기마 경찰을 따라 경찰서까지 쫓아갔어. 그러자 경찰들이 사람들에게 총을 발포했어. 여기서 6명이 총에 맞아 죽고 6명이 중상을 입었지. 사람들은 경찰의 지나친 행동에 크게 분노했어.

사실 이미 전부터 사람들은 경찰에게 분노하고 있었어. 미군정이 한반도를 점령하면서 일제 경찰들을 그 자리에 그대로 앉혀 두었다는 이야기는 앞에서 했었지? 사람들은 이런 경찰들을 받아들일 수 없었어. 일제 강점기에 사람들을 잡아 가두고 온갖 나쁜 짓을 하던 사람들이 해방된 뒤에도 똑같이 그 짓을 하고 있었으니 말이야.

게다가 미군정이 제대로 경제 정책을 펴지 못해 사람들은 아주 살기 힘들었어. 엎친 데 덮친 격으로 흉년이 들고 전염병이 돌았지. 제주도 사람들은 속이 부글부글 끓었단다.

그런데 총으로 사람들을 죽인 데서 끝나지 않고 시위대가 경찰서를 습격했다고 왜곡했어. 그리고 3·1절 기념 행사를 준비한 사람들도 잡아들였어. 이

에 제주도에서 직장을 다니는 사람의 95퍼센트가 파업을 통해 잘못된 방법으로 문제를 키운 미군정과 경찰에 항의했어. 이 파업에는 공무원뿐만 아니라 심지어 경찰도 일부 참여했지. 그러자 경찰은 파업 관련자를 잡아들였고 그중 파업에 참여한 경찰들은 파면했어. 그리고 그 자리에 바로 서북청년단을 채워 넣었지. 경찰과 서북청년단은 제주 도민을 폭력적으로 제압했어. 서북청년단은 테러와 횡포로 도민들을 공포에 떨게 만들었지. 그들은 우파의 생각에 반대하는 사람이라면 무조건 빨갱이로 몰아붙이며 잔인한 폭력을 서슴지 않았어. 북한에서 토지 개혁으로 땅을 빼앗긴 그들은 마치 복수라도 하듯 흉기를 휘둘렀지. 경찰은 잡아들인 사람들을 일제 강점기 때처럼 가혹하게 고문했어. 고문이 얼마나 잔인하면 세 명이나 죽었겠어. 제주 사람들의 분노는 점점 커져 갔단다.

1948년 남한만의 단독 정부 수립 때문에 전국이 혼란스러웠는데 제주도도 마찬가지였어. 그해 4월 3일 남조선 노동당(줄여서 남로당)* 제주 지부는 경찰과 서북청년단에 분노한 주민들을 모아 단독 선거 반대, 통일 정부 수립 촉구, 경찰과 서북청년단의 탄압 중지 등을 요구하며 무장 봉기를 일으켰어. 오히려 미군정은 문제의 원인이 된 경찰과 서북청년단을 제주도로 더 많이 내려보내 진압하려 했지. 그러나 오랫동안 쌓여 있다가 터져 나온 분노의 감정은 쉽게 가라앉지 않았고 혼란은 계속 이어졌어.

*남조선 노동당
1946년 11월 박헌영을 중심으로 만들어진 좌익 계열 정당이야.

이런 상황에서 5월 10일 총선이 치러져. 제주도 세 선거구는 주민들이 단독 선거에 반대해 투표를 거부하는 사람들 때문에 두 선거구에서 과반수 미달로 무효 처리되었지. 그래서 남한 전체 선거구 가운데 유일하게 제주도 두 곳에서만 국회의원이 나오지 않은 거야.

 선거가 끝나고 정부가 수립되자 이승만은 제주도에서 벌어지는 일을 자신의 정통성에 도전하는 것으로 보고 군대를 파견해. 군인, 경찰, 서북청년단으로 구성된 진압군은 마을에 불을 지르고 주민들을 집단으로 학살했어. 여기서 죽은 사람들은 대부분 사회주의와는 상관없었어. 빨갱이를 골라낸다며 노인, 여성, 어린아이까지 마구 죽였지. 마을 주민 전체를 웅덩이에 몰아넣고 총을 쏘기까지 했단다.

 학살과 폭력적 탄압은 1949년 5월 10일 재선거를 치르면서 잠시 잠잠하다가 1950년 6·25 전쟁이 터지면서 다시 빨갱이를 잡아낸다며 시작되지. 이러한 학살과 탄압은 전쟁이 끝난 다음 해인 1954년까지 계속되었어. 4·3 사건으로 3만여 명이 죽었고 한라산 중턱에 있는 마을의 95퍼센트가 불타 없어졌어. 7년이 넘는 시간 동안 제주도는 지옥과 다를 바 없었단다."

 "친일 경찰에 대한 제주 도민의 불만이 결국 4·3 사건을 만든 셈이군요?"

 "사건의 원인은 다양하고, 무장 투쟁을 일으킨 건 남로당 제주 지부 사람들이니 친일파 경찰만을 탓할 문제는 아니야. 하지만 친일파 경찰이 일제 강점기와 똑같이 공권력을 휘두르는 상황이 없었다면 이런 대규모 투쟁은 벌어지지 않았을지도 몰라."

 "그런데 정말 이해가 안 가는 게, 어떻게 해방되고 대한민국 정부가 정식으로 세워졌는데도 친일파를 그대로 둘 수 있었죠? 미군정 아래라면 외국인이니까 친일파 같은 남의 나라 문제에 관심이 없을 수도 있지만 말이에요."

## 친일파를 처단하기 위해 반민특위를 만들다

"친일파 문제를 해결하려는 노력이 없지는 않았어. 사실 대한민국의 체제를 세우기 위해 구성된 제헌 국회에서 1948년 9월 7일 친일파를 처벌할 법을 만들었어. 바로 반민족행위처벌법이야.

이 법에서는 친일파, 즉 반민족 행위자를 이렇게 규정했어. 구한말 을사조약 등 침략을 위한 각종 장치를 만들던 시기와, 1910년부터 1945년까지 일제 강점기에, 일제에 협력하고 그 대가로 지원금과 사례금을 받은 조선인, 애국자와 독립운동가들과 그들의 가족이나 가까운 사람들을 위협하거나 살해한 조선인 등을 반민족 행위자로 보았지. 이런 사람들을 조사하고 처벌하도록 반민족행위처벌법을 만든 거야.

이 법에 따라 국회는 반민족행위특별조사위원회, 줄여서 반민특위를 설치했단다. 그 아래 특별경찰대, 특별검찰부, 특별재판부를 두어 친일파를 검거해 재판에 넘기고 재판을 통해 처벌하도록 했어. 이 부서들을 통해 반민족 행위자를 잡아들인 거야.

끌려온 자들은 일제에 전쟁 무기를 만들어 바친 기업인 박흥식, 일제를 옹호해 조국의 젊은이를 전쟁터로 내몬 최남선과 이광수, 독립운동가를 체포해 잔인하게 고문하고 죽게 한 김태석, 노덕술 등 수백 명이 넘었어."

"와아, 통쾌하다! 당연히 그렇게 해야죠. 죄를 짓고도 벌을 안 받는다면 나라 꼴이 뭐가 되겠어요."

아이들은 답답한 체증이 쑥 내려간 듯 가슴을 쓸어내렸다.

"친일파 처단에 대한 당시 국민의 기대와 관심은 대단했어. 이제야말로 진짜 해방이 되었나 싶었지."

**반민특위 활동**
반민특위는 반민족 행위자를 잡아들이기 시작했어. 위의 사진은 반민족 행위자를 체포해 끌고 가는 장면이고, 아래 사진은 친일파를 반민특위에 신고하는 투서함이야.

"왜 아니겠어요. 70년이 지난 지금의 저희도 마찬가지인데요. 실제로 일제와 친일파에게 고통을 당한 사람들이야 오죽하겠어요!"

아이들은 서로 얼굴을 마주 보며 현대사 이야기를 시작한 이후로 가장 밝은 표정을 지었다.

"그런데 친일파를 지지 기반으로 권력을 잡은 대통령 이승만은 여러 차례 반민특위 활동을 비난했어. 또 반민특위가 활동하지 못하도록 반민족행위처벌법 개정안을 국회에 제출하고 친일파를 감싸고돌았지.

이승만의 발언에 힘을 얻은 친일파는 반민특위를 공격하기 시작했어. 심지어 친일 경찰과 함께 반민특위 관계자를 암살하려는 계획까지 세웠지. 또 정부 고위 관리들의 비호를 받으면서 반민특위의 활동을 방해하려고 날마다 시위를 벌였어. 이런 상황에서 1949년 6월 내무부 고위층의 주도로 경찰이 반민특위 사무실을 습격해 특별경찰대를 강제로 무장 해제시켰어. 조사관은 무기를 빼앗기고 반민특위 경비를 서던 경찰도 철수시켜 버렸어.

이승만은 외국 통신사인 AP통신과의 인터뷰에서 반민특위 습격 사건은 자신의 지시로 이루어졌다고 대놓고 말했어. 이승만은 반민특위가 자신의 지지 기반인 친일파를 잡아들이는 것에 사사건건 비난했어. 대표적인 예로 일제 강점기에 독립운동가를 잡아서 고문하여 죽이기까지 한 고문 전문가 노덕술이 반민특위에 체포되자 노덕술을 풀어 주라고 반민특위에 압력을 가했지. 노덕술은 독립운동가만 전문적으로 잡아 자백을 받아 내는 악랄한 고문으로 유명했지. 심지어 극도의 고통을 주는 고문 기술까지 개발했어.

이런 노덕술은 해방 이후 이승만의 최측근인 수도경찰청장 장택상과 경무부장 조병옥의 추천으로 다시 경찰이 되었어. 그는 의열단 단장이었던 김원봉을 파업을 주도한 공산당이라며 참혹하게 고문하는 등 좌익 탄압에 앞장선

## 구체적으로 어떤 사람을 반민족 행위자라고 했나요?

- 일본국 정부 및 조선 총독부에 적극 협력하여 친일 행위에 동참한 자.
- 일제 경찰과 군부대, 헌병대 등에서 첩자 및 밀정 등으로 활동한 자.
- 위안부 및 학도병 강제 징용을 권유했거나 이를 찬양한 자.
- 일제 주재소(지서)나 관소 등에서 총독부의 훈령을 수행하며 근무한 자.
- 조선의 애국자, 독립운동가, 독립군 및 그 가족과 지인들을 살해 및 위협했거나 미수에 그친 자.
- 독립운동가, 애국자들을 체포하여 경찰서, 헌병대 등에 넘겨주었거나 은신처나 본거지를 알려서 체포 협력 등에 기여한 자.
- 일제 찬양을 주장하는 가곡이나 서문 등을 서술한 자.
- 일제 찬양과 관련된 논문이나 문필 활동 등을 한 자.
- 을사조약 및 한일 강제 병합의 공로를 인정받아 훈장 및 서훈이 인정되거나 수령한 자.
- 한글 및 조선사 교육을 방해했거나 이를 금지하거나 주재소 등에 보고하여 방해한 자.
- 조선의 농산물 및 수산물을 일본인 및 일본 열도 등으로 강제적인 반출(산미 증식 계획 등)에 적극 참여하거나 기여한 자.
- 조선의 고유 문화재를 파괴하거나 일본인 및 일본 열도 등으로 넘겨준 자.
- 일본군 신분으로 조선의 부녀자들에게 겁탈 및 위해를 가하여 정신적인 고통을 준 자.
- 대한민국 임시 정부 요인 및 기여자들을 대상으로 위협 및 살해를 했거나 미수에 그친 자.
- 3·1 운동 및 6·10 만세 운동 당시 조선인 신분으로서 일경 및 일본군과의 협력하에 참가자들을 학살 및 탄압하거나 진두지휘한 자.

덕에 이승만으로부터 반공 투사라는 칭찬을 받았지. 결국 노덕술은 아프다는 핑계로 감옥이 아닌 병원에서 편히 쉬다가 반민특위가 해체되자 경찰 고위직으로 되돌아온 거야."

"독립운동가가 해방된 뒤 친일파 경찰에게 고문을 받다니, 도대체 세상이 어떻게 된 거야."

아이들은 혼란스러운 얼굴이 되어 어쩔 줄 몰랐다.

"이 무렵 이승만 정권은 자신들에게 비판적이며 친일파 처단에 적극적이던 국회의원 13명을 남로당의 프락치*로 몰아 감옥에 가둬 버렸어. 이를 '국회 프락치 사건'이라고 해. 그리고 반민족 행위자의 공소 시효*를 1949년 8월까지 줄이는 개정안을 7월에 국회에서 통과시켰지."

*프락치
다른 조직이나 단체에 몰래 들어가 비밀리에 활동하는 사람을 가리켜.

*공소 시효
어떤 범죄에 대해 법적으로 죄를 물을 수 있는 시간의 한계를 의미해.

"그럼 친일파의 범죄를 조사하고 벌을 줄 시간이 한 달밖에 안 남은 거잖아요. 이건 말이 개정안이지 반민족행위처벌법을 없애자는 법이네요?"

"맞아. 이로써 반민특위 활동은 크게 위축되었어."

"그럼 친일파를 처단하자는 법을 없애는 무슨 이유라도 있어야죠. 민주주의 사회에서 그냥 자기들 맘대로 막 법을 바꿀 수는 없잖아요."

"이유는 반민특위가 사회 불안을 조성한다는 거였어."

"사회 불안이 아니라 친일파의 불안이겠죠! 아, 정말 말도 안 돼!"

"아무튼 이렇게 이승만 정권에 의해 반민특위는 흐지부지되고 말았어. 반민족행위처벌법은 1951년 2월에 완전히 폐지되었지. 이로써 친일파는 더 이상 법적으로 벌을 받을 일이 없어졌고 민족을 배반한 죄에 대해 면죄부를 받게 되었지. 그럼으로써 일제 강점기와 같은 부와 권력을 해방된 대한민국에

서도 계속 유지하면서 지배층으로 군림하게 되었단다.

반민특위의 친일파 처벌 실패로, 민족의 정기를 다시 세우고 역사를 바로잡음으로써 진정으로 독립된 나라를 만들 수 있는 기회는 완전히 날아가 버렸어.

죄를 지으면 벌을 받는다는 사회 정의는 완전히 무너졌어. 정의가 무너지자 올바른 것을 위해 목숨 걸던 독립운동 정신도 자취를 감추고 오직 자기 밥그릇만 챙기면 그만이라는 이기주의가 판을 쳤지. 아무런 가책도 없이 부정부패를 저지르는 세상이 시작된 거야."

아이들은 말을 잊고 빡쌤의 얼굴만 쳐다보았다.

"음, 이렇게 반민특위가 해체되고 민족의 정기를 바로잡을 기회가 사라지던 1949년 여름, 대한민국 임시 정부의 기둥 김구가 현역 육군 소위인 안두희에게 암살당했어. 안두희는 서북청년단의 주축으로 활동하다가 육군 사관 학교에 들어가 장교가 되었지. 살인죄로 감옥에 들어간 안두희는 이듬해 1950년 6·25 전쟁이 터지자 1년도 채 되지 않아 석방되고 다시 장교로 복귀했어."

"김구 선생님마저…… 아, 정말 슬퍼요, 쌤."

아이들은 조금 전 기념관에서 보았던 김구의 모습을 떠올리며 울먹였다.

"오늘은 여기까지 하자. 다음에는 우리 민족의 가장 큰 비극인 6·25 전쟁에 대해 공부할 거야."

"쌤, 힘든 얘기가 계속 나오니까 우울해요."

은지가 축 처져서 말했다.

"힘들 때는 밥을 먹고 힘을 내야죠."

마토가 오늘 하루 중 가장 큰 소리로 말했다.

분열과 갈등의 긴 터널로 들어서다

"그래, 밥 먹고 힘내자! 아 참, 조선 후기 공부할 때 우리랑 수원 화성에 같이 갔던 쌤 친구 알지?"

"파래가 좋아하는 그분이요?"

시루가 짓궂게 웃으며 파래를 놀렸다.

"무슨 소리야? 누가 누굴 좋아한다고 그래."

파래는 정색을 했지만 볼이 약간 붉어져 있었다.

"그 친구가 이 근처에 살거든. 체험 학습 끝나면 오라고 했어. 맛있는 거 해 준다고."

"맛있는 거요? 뭔데요, 뭔데요?"

아이들은 맛있는 거라는 말에 갑자기 얼굴에 화색이 돌았다.

"오징어순대를 만든다나?"

"오, 오징어순대요?"

아이들은 처음 듣는 음식 이름에 어리둥절했다.

"오징어순대는 속초 토속 음식이야. 6·25 전쟁 때 속초로 피난 왔던 함경도 사람들이 구하기 힘든 돼지 창자 대신 속초에 흔한 오징어에 속을 채워 순대를 만들었대. 전쟁이 탄생시킨 음식이라고 할 수 있지."

"아하, 우리가 한국사 1권에서 가야를 공부할 때 부산에 피난 온 이북 사

**오징어순대**
속초 토속 음식이야. 6·25 전쟁 때 함경도 사람들이 속초로 피난 와서 만들어 먹었던 음식이지. 아바이순대라고도 불러.

람들이 밀면을 만든 거랑 비슷하네요."

은지가 한국사 1권을 공부하던 때를 기억해 냈다.

"오징어순대라…… 그거 정말 맛있겠는데요? 오징어와 순대의 결합!"

마토는 벌써 입맛을 다시고 있었다.

"아, 배고파. 빨리 가요."

앞장서는 파래의 걸음이 날아갈 듯 가벼웠다. 이런 파래를 보고 시루가 픽 웃음을 터뜨렸다. 파래는 부대찌개를 먹는 것보다 빡쌤의 절친을 만나는 게 더 기대되었다.

"흥, 자식. 내가 네 속을 모를 줄 알고?"

하지만 마리는 현대사 공부가 힘들었는지 걸어가면서 빡쌤의 팔에 머리를 기댔다.

"전 식욕이 싹 사라졌어요."

빡쌤은 높은 건물 사이로 보이는 노을을 가리켰다.

"현대사를 공부하다 보면 가슴 아픈 일이 한두 가지가 아니야. 그런데 이 도시를 보렴. 우리가 공부하는 현대사는 슬픔의 역사가 아니야. 온갖 어려움을 겪고 지금처럼 경제 발전과 민주주의 사회를 이룬 희망의 역사지. 힘 빠질 필요 없어."

마리의 얼굴이 조금 밝아졌다.

"야, 김파래, 같이 가."

마토가 1초라도 빨리 오징어순대를 먹고 싶어 파래를 쫓아갔다.

붉은 노을이 밝게 웃는 빡쌤과 아이들 뒤로 그림자를 길게 늘어뜨렸다.

# 밑줄 쫙!  은지의 한국사 노트

□□와 □□□은 38선을 넘어 김일성을 비롯한 북한의 정치인들을 만나 통일 정부를 세우는 방안을 논의했다.
→ 김구, 김규식

1948년 남한만의 총선거가 치러졌고 여기서 뽑힌 국회의원들은 헌법을 만들어 공포한 7월 17일을 □□□로 정해 해마다 기념한다.
→ 제헌절

총선에서 뽑힌 국회의원들은 □□□을 초대 대통령으로 뽑았고, 1948년 8월 15일에 □□□□ 정부가 정식으로 들어서게 되었다.
→ 이승만, 대한민국

일제에 협력한 대가로 지원금과 사례금을 받고, 애국자와 독립운동가, 그들의 가족 등을 위협하거나 살해한 반민족 행위자들을 조사처벌하도록 반민족행위 처벌법을 만들었다. 이 법에 따라 국회는 반민족행위특별조사위원회, 줄여서 □□□□를 설치했다.
→ 반민특위

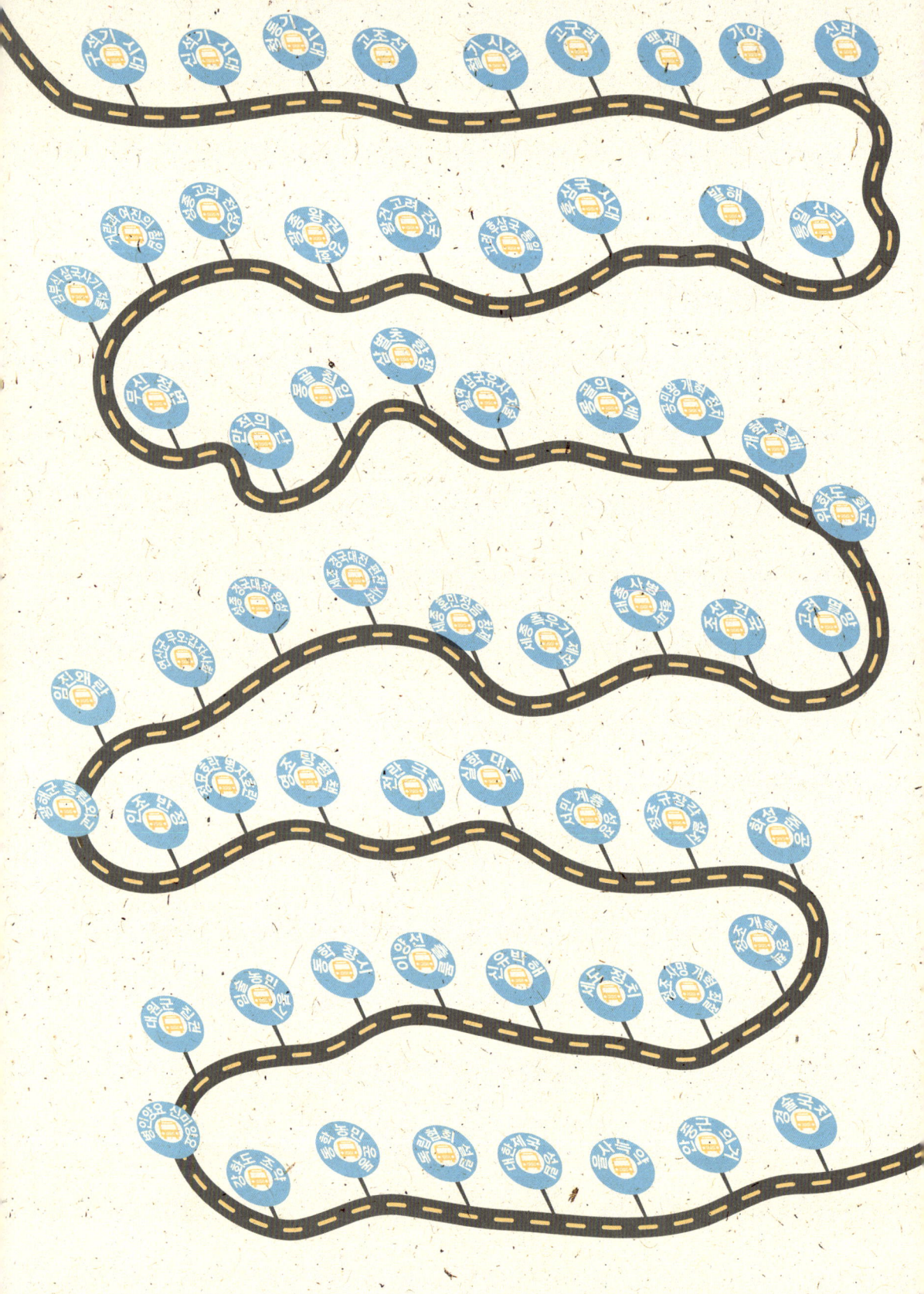

꿈틀의 주방 입구에 아이들이 옹기종기 모여 있었다. 주방에서는 도저히 참을 수 없는 맛있는 냄새가 퍼져 나왔다.

아이들은 침을 꼴깍 삼키며 주방 안을 들여다보았다. 그중 마토는 손을 그릇 모양으로 만들어 허공을 훑고는 코로 가져가 냄새를 들이켰다. 이렇게라도 하지 않으면 먹고 싶어 쓰러질 지경이었다.

오늘 꿈셰프가 만드는 음식은 햄과 소시지, 김치를 듬뿍 넣어 만든 부대찌개였다.

지난번 백범 김구 기념관에서 돌아오는 길에 빡쌤과 아이들은 빡쌤의 절친 집에 들러 오징어순대를 먹었다. 전쟁이 탄생시킨 오징어순대는 식탁에 놓이자마자 순식간에 사라졌다. 전쟁이 따로 없었다.

"오징어순대는 전쟁이 탄생시킨 음식이야. 끔찍한 전쟁이 맛있는 음식을 만들었다니 참 아이러니한 일이지? 그런데 실제로 전쟁 중에 만들어진 음식이 생각보다 많아. 통조림은 나폴레옹이 전쟁 중에 식량을 오래 보관하려고 만든 거야. 샤부샤부는 칭기즈칸이 제대로 요리를 할 수 없는 전쟁터에서 끓는 물에 재빨리 고기를 담갔다 건져 먹은 데서 유래했고."

그러나 아이들의 머리에는 냄비에서 보글보글 끓는 부대찌개에 온 관심이 쏠릴 뿐 전쟁이 만든 음식 이야기는 한 글자도 떠오르지 않았다.

"너희들 여기서 뭐해?"

꿈틀로 들어선 빡쌤은 주방 입구에 옹기종기 모여 있는 아이들을 보고 픽 웃음을 터뜨리고 말았다. 음식에 정신이 팔린 아이들의 귀에는 빡쌤의 말이 들리지 않는지 아무도 뒤를 돌아보지 않았다.

"공부 끝나야 먹는다니까 왜들 이래?"

꿈셰프는 아이들을 내쫓고는 주방 문을 닫아 버렸다.

아이들은 크게 실망해 어깨가 축 처졌다.

"빨리 자리에 앉아. 얼른 공부하고 먹으면 되잖아."

아이들은 앉은뱅이 탁자에 앉으면서도 못내 아쉬워 수업에 집중할 분위기가 아니었다.

"너희 이러면 부대찌개 먹을 때 이거 안 준다."

빡쌤은 아이들 앞에 라면 봉지를 흔들었다.

"부대찌개 먹을 때 라면 사리가 없으면 붕어빵에 팥이 없는 거나 마찬가지인 거 알지?"

"아아, 그런 법이 어디 있어요?"

다들 부대찌개를 한 번쯤은 먹어 본 터라 부대찌개 국물이 배인 라면 사리의 맛을 알고 있었다.

"그러니까 모두 집중!"

빡쌤이 단호한 표정을 짓자 아이들은 자세를 바로잡고 앉았다.

"내가 꿈셰프에게 부대찌개를 만들어 달라고 부탁한 건 단지 맛있는 음식을 먹기 위해서만은 아니야. 아무리 전쟁 때문에 맛있는 음식이 만들어졌다고 해도 전쟁은 결코 일어나서는 안 돼. 이 사진을 보렴."

빡쌤은 태블릿 화면을 열어 사진 몇 장을 보여 주었다. 전쟁으로 부서진 집과 죽거나 크게 다친 사람들의 사진이었다. 그중 헐벗고 갈비뼈가 드러날 정도로 굶주린 아이의 모습을 본 꿈틀 아이들은 할 말을 잊었다.

"오늘날 사람들이 맛있게 먹는 부대찌개에도 가슴 아픈 사연이 있지. 그건 수업 끝날 때쯤 이야기해 줄게. 자, 그럼 6·25 전쟁 이야기를 시작해 볼까?"

"네!"

아이들은 진지한 얼굴로 탁자에 바싹 당겨 앉았다.

## 전쟁이 터지다

세계가 자본주의 진영과 공산주의 진영으로 날카롭게 대립하며 냉전의 골이 깊어질 때, 한반도 남쪽과 북쪽도 두 진영의 이념을 가진 국가로 갈라지고 말았어. 미국과 소련이라는 두 강대국은 직접 전쟁을 벌이지는 않았지만 자신들의 이념을 따르는 나라나 집단의 분쟁을 뒤에서 부추겼지.

이런 상황에서 남한과 북한의 국가 수반들은 평화가 아닌 무력으로 상대방을 누르고 통일을 이루려 했어.

그러던 1950년 6월 25일 북한은 소련제 무기로 무장하고 남한으로 밀고 내려왔어. 우리 역사상 가장 비극적인 전쟁이 벌어진 거야.

아무런 준비가 없었던 남한의 방어선은 불과 3개월 만에 낙동강까지 밀리고 말았지. 남한 정부는 부산을 임시 수도로 정하고 낙동강을 마지막 방어선으로 삼았어.

유엔군의 참전으로 전세는 남한 쪽으로 유리하게 전개되어 북한군을 압록강까지 밀어붙였지만 중공군의 참전으로 유엔군과 국군은 다시 밀리기 시작했지. 이렇게 밀고 밀리는 전투 과정에서 한반도는 톱으로 썰리듯이 철저히 파괴되었고 수많은 사람들이 죽었단다.

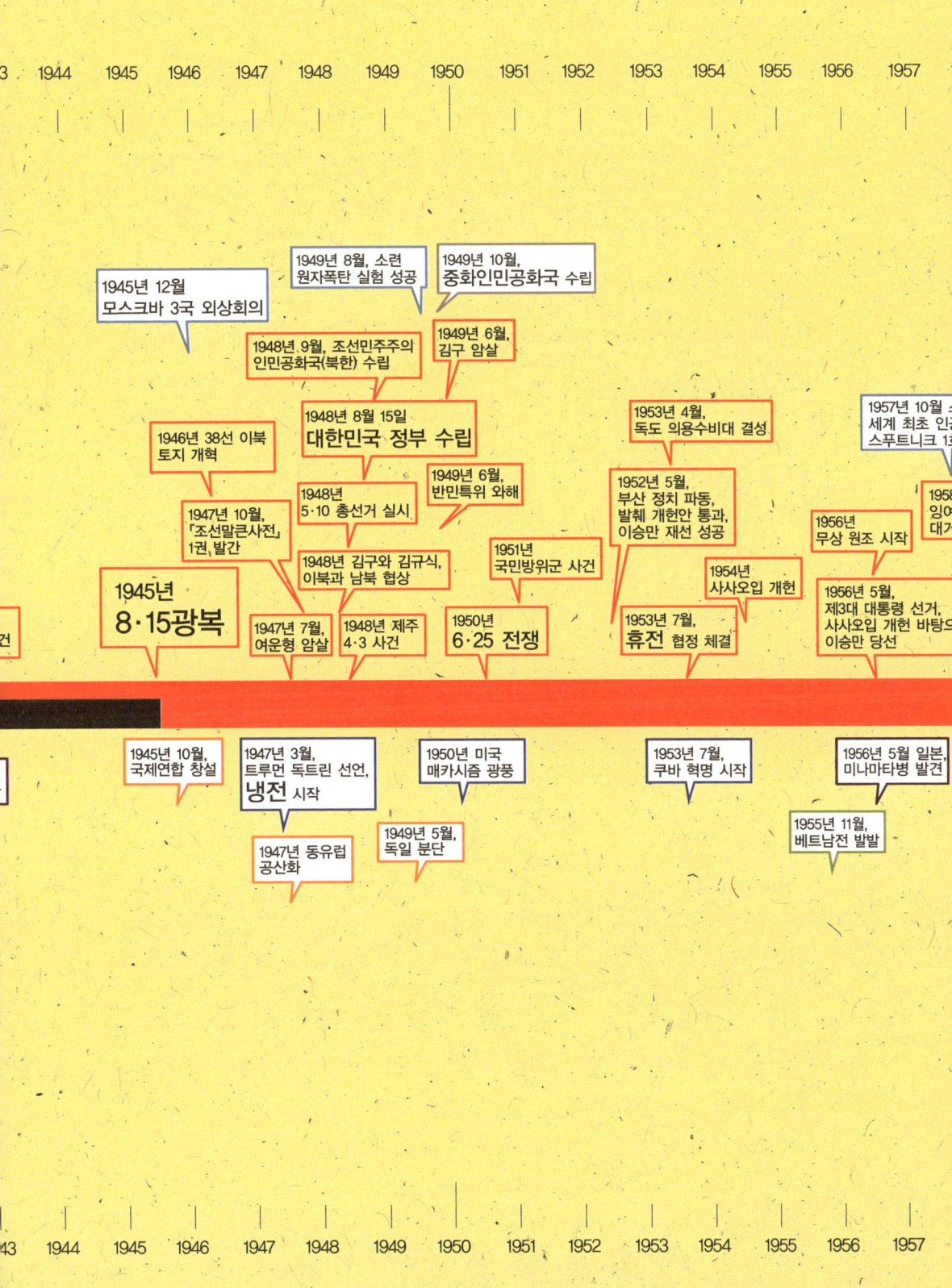

## 전쟁의 위기가 몰려오는 한반도

"세계가 자본주의 진영과 공산주의 진영으로 날카롭게 대립하며 냉전의 골이 깊어질 때, 한반도 남쪽과 북쪽도 두 진영의 이념을 가진 국가로 갈라지고 말았어.

미국과 소련이라는 두 강대국은 직접 전쟁을 벌이지는 않았지만 자신들의 이념을 따르는 나라나 집단의 분쟁을 뒤에서 부추겼지. 자기들은 전쟁 피해를 피하면서 전 세계에 자기와 같은 이념을 가진 국가들이 늘어나길 바랐던 거야. 이런 걸 대리전이라고 해. 실제 이해 당사자는 따로 있는데 다른 나라들이 대신 싸움을 벌이는 거지.

이런 상황에서 1949년 중국에서는 사회주의 국가를 세우려는 공산당과 자본주의 국가를 세우려는 국민당의 내전에서 공산당이 승리했어. 거대한 중국 대륙이 사회주의 국가가 된 거야. 세계에서 큰 나라에 속하는 소련과 중국이 공산주의 국가가 되고 동유럽 국가들까지 속속 공산주의 국가가 되었어. 세계 지도를 보면 전 세계의 절반 가까이가 공산주의 국가가 된 거야. 세계 대공황 때부터 공산주의를 경계하던 자본주의 국가들은 큰 위기감을 느꼈어. 절대 뒤로 물러설 수 없다는 절박한 심정이었지.

그래서 자본주의 국가는 다른 자본주의 국가를, 사회주의 국가는 다른 사회주의 국가를 지원하면서 서로 세력을 넓히려 안간힘을 썼어. 당연히 자기 세력이 상대방 세력을 먹어치우길 바랐지.

한반도는 바로 이런 두 진영의 냉전이 현실화되는 전쟁터였어. 미국은 남한을 지원했고, 소련과 중국은 북한을 지원했어. 마침 남한의 이승만은 해방

이후부터 북진 통일을 주장했고, 북한의 김일성은 이북을 공산화한 다음 이남을 공산화할 계획을 이미 갖고 있었지.

남한과 북한의 양쪽 정부 모두 전쟁을 일으키겠다고 으름장을 놓는 상황에서 소련군과 미군은 한반도에서 철수했어. 남과 북에 정부가 들어서고 더 이상 한반도에 남아 있을 명분이 없기 때문이야.

북한 김일성은 소련의 동의 아래 무력으로 통일을 이루려고 전쟁 준비를 했어. 소련은 북한에 신식 무기에다가 탱크까지 지원했고 중국도 북한에게 지원을 약속했어.

이 무렵 미국은 공산주의의 확대를 막을 방어선인 애치슨 라인을 발표했어. 방어선은 알류산 열도와 일본 그리고 필리핀을 이었는데, 방어선 북쪽인 한반도와 타이완, 인도차이나반도 등은 포함되지 않았지. 이것을 보고 김일성은 남침을 하더라도 미군이 참전하지 않을 거라고 믿게 된 거야."

## 1950년 여름, 비극이 시작되다

"1950년 6월 25일 새벽, 북한군은 소련제 탱크를 앞세우고 38선을 넘어 물밀듯이 남한으로 쳐들어왔어. 아무런 예고도 없었고 38선 부근에서는 남한군과 북한군의 소규모 전투가 잦았던 터라 한반도 남쪽 전체를 대상으로 하는 대규모 공격을 생각한 사람은 없었지. 그래서 남한은 전혀 전쟁 준비가 되어 있지 않았어. 탱크와 신식 무기로 무장하고 철저하게 전쟁을 준비한 북한군을 당해낼 도리가 없었지.

상황이 심상치 않은 걸 깨달은 대통령 이승만은 라디오를 통해 이 사실을

정반대로 알렸어. '대통령과 정부는 끝까지 서울을 지킬 것이며, 국군이 북한군을 쫓아내고 평양으로 진격하고 있다. 그러니 안심하고 집에 있으라.' 그러고는 정작 자신은 국민을 버리고 재빨리 남쪽으로 도망갔어.

북한군은 대통령이 버리고 떠난 서울로 사흘 만에 밀고 들어왔어. 그제야 상황을 파악한 서울 시민들은 허둥지둥 보따리를 싸서 피난길에 올랐지. 그런데 남쪽으로 내려갈 길이 사라졌어. 북한군이 남쪽으로 내려오는 것을 늦출 요량으로 이승만이 한강을 건널 유일한 다리를 폭파시켜 버렸거든. 다리를 건너던 수많은 사람이 터지는 폭탄 파편에 죽거나 물에 빠져 죽었지. 아직 다리를 건너지 않았던 사람들은 뒤에서 밀려오는 무시무시한 탱크 소리를 들으며 무너진 한강 다리 앞에서 발만 동동 구를 수밖에 없었단다.

전쟁이 터진 바로 그 다음 날, 미국은 유엔에서 남한에 군대를 보내자고 제안했고 유엔은 16개 나라로 구성된 유엔군을 남한에 파견하기로 결정했어. 그런데 유엔군이라고는 하지만 사실 미군이라고 해도 틀리지 않았어. 유엔군 가운데 미군이 90퍼센트 이상을 차지했거든. 이승만은 미군에게 국군의 작전권을 넘겼어. 우리 정부가 아닌 미군의 작전 명령으로 전쟁을 치르게 된 거야. 미국의 맥아더가 사령관을 맡았지.

미군이 전쟁에 뛰어들었지만 북한군의 기세는 쉽게 꺾이지 않았어. 탱크와 최신 무기로 철저히 준비한 데다가 연이은 승리에 사기가 엄청 높았거든. 그에 반해 우리 국군은 전혀 준비가 되어 있지 않았지.

해방된 뒤 남한은 경찰 조직은 엄청났지만 군대 조직을 키우는 데는 집중하지 못했어. 그도 그럴 것이 이승만 정권은 일제 강점기의 경찰 조직을 다시 강화시켜 정권에 비판적인 세력을 억누르는 데 썼거든.

반면, 일제 강점기에 조선에는 군대 조직이 없었지. 일본군으로 끌려간 조

### 파괴된 대동강 철교를 건너는 피난민들
6·25 전쟁 당시 북한 피난민들이 끊어진 대동강 철교를 필사적으로 건너고 있는 모습이야. 이 비극적인 사진을 찍은 미국인 종군기자는 퓰리처상을 수상했다고 해.

**폐허가 된 서울 시내**
남한을 침공한 북한은 사흘 만에 서울로 밀고 들어왔어. 서울은 말 그대로 폐허가 되고 말았지. 저 멀리 보이는 건물이 경복궁 앞 중앙청이야.

선인들은 대부분 외국에서 죽거나 다쳤으니까. 물론 그중에 일본군의 친일파 장교 출신들은 해방 이후 국내로 들어와 군의 중요한 자리를 차지했지만 말이야.

대한민국 임시 정부의 광복군과 항일 무장 투쟁을 하던 독립군이 진짜 우리 군대라고 할 수 있지. 하지만 미군정에서 임시 정부를 인정하지 않았기 때문에 대부분은 대한민국 군대로 편입되지 못했어. 심지어 독립군은 철저한 반공주의자들이 권력을 잡은 국내로 들어오지 못하고 러시아(소련)나 중국, 우즈베키스탄 등 중앙아시아 지역으로 흩어졌어.

이런 상황에서 이승만 정권은 미군의 도움에만 기대며 군대를 키우는 데 힘쓰지 않고, 정권 유지를 위해 국민을 억압할 경찰 조직의 힘만 키웠지. 그

러니 북한의 침략을 막을 준비가 거의 되어 있지 않았다고 볼 수 있어.

북한군은 남한 곳곳을 휩쓸며 전쟁을 일으킨 지 3개월 만에 낙동강 근처까지 밀고 내려왔어. 이제 한반도에서 대한민국의 땅은 대구와 부산 정도밖에 남지 않았지. 한반도 전체가 북한의 손아귀에 넘어가기 일보 직전이었어. 남한 정부는 부산을 임시 수도로 정했어. 그리고 낙동강에 마지막 방어선을 만들었지. 더 이상 물러설 곳이 없었어.

낙동강에서 북한군에 맞서 유엔군과 국군은 치열한 전투를 벌였어. 시간이 지날수록 오랫동안 먼 거리를 이동하며 싸운 북한군은 조금씩 지쳐 갔어. 게다가 미군은 계속 수가 늘어났지.

이때 맥아더는 기습적으로 261척의 함대로 미 해병대 1개 사단 등 7만 5,000명의 병력을 인천에 상륙시켰어. 인천은 위도로 보아 한반도 중간에 해당하는 도시여서 미군이 북한군의 허리를 끊어 놓은 셈이야. 이제 북한군은 무기와 식량을 보급받을 길이 막혀 버렸지. 전세는 완전히 뒤바뀌었어. 북한군은 낙동강 전선에서도 싸워야 했고 위에서 내려오는 유엔군과 국군과도 싸워야 했어. 한마디로 위아래로 포위된 꼴이었지. 점점 보급품도 바닥이 보이기 시작했어.

결국 북한군은 유엔군과 국군에 밀려 다시 북쪽으로 후퇴할 수밖에 없었어. 그리고 마침내 유엔군과 국군은 9월 28일 서울을 되찾고 38선을 넘어 북으로 진격했어. 10월 20일에는 평양을 무너뜨리고 곧이어 한반도의 끝인 압록강까지 올라갔지. 남한이 낙동강까지 밀리며 한반도가 공산화될 뻔한 것과 마찬가지로 이번에는 남한에 의해 한반도가 통일되기 직전이었던 거야.

바로 이때 중국군이 전쟁에 끼어들었어. 한반도 전체가 미국의 영향 아래 들어가면 자신들의 턱밑에 적을 두는 셈이잖아. 그러니 가만히 앉아서 북한

## 질문 있어요! 임시 수도 부산에서 사람들은 어떻게 살았나요?

부산으로 피난 온 사람들의 거주지

임시 천막 학교에서 수업 받는 학생들

임시 수도가 된 부산은 전국에서 피난 온 사람들로 발 디딜 틈이 없었어. 부산이라는 한 지역에 남한의 모든 사람이 몰려 있었다고 생각해 봐. 그야말로 교실 하나에 전교생을 꽉 채워 놓은 것과 같았지. 먹을 것도 입을 것도 심지어 잘 곳도 모두 턱없이 부족했어. 사람들은 움막 같은 임시 거주지에서 머물며 막일이나 구걸, 길거리 노점 장사 등을 하며 매일을 살아가는 것이 전쟁과 같았어. 어린 학생들도 부족한 군인의 수를 채우기 위해 총 쏘는 법만 겨우 배워 전쟁터로 나갔지. 굶주림에 고통 받고 한 치 앞을 모르는 상황에서도 어린이들은 천막 학교에 나가 배움의 끈을 놓지 않았단다.

**1952년 전쟁 중에 부산에서 치러진 제2대 대통령 선거**
전쟁 중에도 대통령 선거는 치러졌어. 이승만은 국회의원들을 군대로 위협하고 감금하는 등 부정한 방법으로 권력을 이어 갔단다.

이 망하는 꼴을 지켜볼 수만은 없었지. 어마어마하게 많은 중국군의 등장에 국군과 유엔군은 후퇴할 수밖에 없었어.

밀리던 유엔군과 국군은 1951년 1월 4일 다시 서울을 북한군에게 내주고 말았어. 이 사건을 1·4 후퇴라고 해. 그렇게 유엔군과 국군은 다시 38선 이남으로 밀려 내려온 거야. 유엔군과 국군은 전열을 정비해 1951년 3월 16일 서울을 되찾았지.

이후 유엔군·국군과 북한군·중국군은 38선에서 밀고 밀리며 치열하게 싸웠어. 그렇게 별다른 소득도 없이 사람만 죽어 가는 소모전이 계속되었단다.

**유엔군과 국군의 인천 상륙 작전**
미국의 맥아더 장군은 인천 상륙 작전으로 북한군의 허리를 끊어 전세를 뒤집어 놓았어.

**어린 학도병들**
전쟁이 벌어지자 어린 나이의 학생들이 나라를 지키기 위해 자진해서 전투에 참가했어.

성과 없는 싸움을 그만두기 위해 미군은 1951년 7월부터 북한군·중국군과 휴전 협상을 시작했지. 하지만 휴전 협정은 당장 이뤄지지 않았어.

제2차 세계 대전 때 동지였다가 적으로 갈라선 미국과 소련이 냉전 상태로 들어선 뒤 가장 먼저 터진 전쟁이 바로 6·25 전쟁이야. 첫 번째 대결에서 두 진영 어느 쪽도 패배라는 꼬리표를 달고 싶지 않았어. 그래서 협상 과정에서 자신의 우세함을 어떤 식으로라도 관철하려 했지. 남한과 북한은 서로 더 많은 영토를 차지한 상태에서 전쟁을 끝내려고 치열한 전투를 벌이고 있었고. 한술 더 떠 이승만은 휴전을 반대하고 전쟁을 계속해서 북진 통일을 이루자고 고집을 부렸지.

그러나 양측의 피해가 점점 더 커지자 미군과 북한군, 중국군은 휴전 협상이 시작된 지 2년이 지난 1953년 7월 27일 정전 협정을 맺었어. 이로써 길고 끔찍했던 전쟁이 중단된 거야. 여기서 왜 남한은 빼고 세 나라만 협정을 맺었을까? 그것은 이승만이 끝까지 휴전을 반대하고 북진 통일을 주장하며 정전 협정서에 서명을 하지 않았기 때문이지."

**서울을 되찾은 국군**
인천 상륙 작전으로 서울을 되찾은 국군이 서울 중앙청 앞에서 태극기를 게양하고 있어.

"사람이 죽든 말든 통일만 이루겠다니 정말 답답해요, 휴우."
"사람이 살아야 통일도 의미가 있지, 나도 답답해."
시루가 가슴을 치며 한숨을 쉬자 파래도 덩달아 가슴을 쳤다.
"자기 혼자 살겠다고 국민을 버리고 도망가는 사람이 다른 사람의 고통을 알 리가 있나……."
은지가 고개를 절레절레 저었다.
"이승만보다 더한 사람이 있었어. 바로 맥아더야. 그는 중국군이 끼어들어 미군과 국군이 밀리자 만주에 핵폭탄을 떨어뜨리자고 우겼지. 그렇게 되면 소련이 가만있겠니? 당시에는 소련도 핵폭탄을 갖고 있었어. 미국이 핵폭탄

**중국군 개입**
대규모의 중국군이 개입하면서 전세는 다시 역전되고 말았어. 유엔군과 국군은 다시 38선 이남으로 밀려 내려왔지.

**정전 협정**
1953년 7월 3년여간의 전쟁을 끝내는 정전 협정을 체결하기 위해 유엔군 사령관(왼쪽)과 북한 측 대표(오른쪽)가 판문점에 모였어.

을 사용하면 소련도 똑같이 보복했을 거야. 그럼 제3차 세계 대전이 벌어지고 결과는 아무도 예측할 수 없었을 거야. 결국 미국의 트루먼 대통령은 맥아더를 사령관 자리에서 내려오게 해. 물론 미국의 핵폭탄 사용을 간절히 바랐던 이승만에게는 매우 아쉬운 일이었겠지만, 우리 민족에게는 정말 다행스러운 일이 아닐 수 없어."

"만약 핵폭탄을 터뜨렸다면 우리 민족 모두 죽음의 구렁텅이에 빠졌겠네요."

아이들은 안도의 한숨을 내쉬었다.

"하지만 안심할 상황은 아니었어. 언제라도 전쟁은 다시 일어날 수 있었으니까. 정전 협정이란 말은 사실 아주 무서운 말이야. 정전이란……"

"전기가 나가는 거죠. 깜깜하면 정말 무서워."

빡쌤의 말을 끊고 파래가 나섰다.

"하하, 파래야, 여기서 정전은 그 정전이 아니야. 정전은 한자로 멈출 정

(停) 전쟁 전(戰)이야. 즉, 전쟁을 멈춘다는 거지 전쟁을 끝낸다는 뜻은 아니야. 전쟁을 끝낸다는 단어는 종전이야. 종전이 아니라 정전이므로 전쟁의 위험성을 그대로 둔 채 잠시 봉합한 셈이지."

## 밑줄 쫙! 은지의 한국사 노트

북한군이 남쪽으로 내려오는 것을 늦추려고 이승만은 ☐☐을 건너 남쪽으로 피난 갈 유일한 다리를 폭파시켜 버렸다. 다리를 건너던 수많은 사람이 터지는 폭탄 파편에 죽거나 물에 빠져 죽었다.

한강

전쟁이 터지자 유엔은 16개 나라로 구성된 ☐☐☐을 남한에 파견하기로 결정했다. ☐☐☐ 가운데 90퍼센트 이상이 미군이었고, 미국의 ☐☐☐가 사령관을 맡았다.

유엔군, 유엔군, 맥아더

북한군이 전쟁을 일으킨 지 3개월 만에 ☐☐☐ 근처까지 밀고 내려오자 벼랑 끝에 내몰린 남한 정부는 ☐☐을 임시 수도로 정하고 ☐☐☐을 마지막 방어선으로 삼았다.

낙동강, 부산, 낙동강

3년이란 긴 시간이나 전쟁이 지속되다가 1953년 7월 27일 ☐☐ ☐☐을 맞았다. 그러나 이것은 전쟁의 끝을 의미하는 것이 아니라 전쟁을 잠시 멈춘 것을 의미했다.

휴전 협정

## 끝나지 않는 새로운 전쟁의 시작

정전 협정으로 전쟁은 일단락되었어. 그러나 정전이란 말에서 알 수 있듯이 언제고 다시 전쟁이 일어날 수 있는 분위기였지. 전 세계는 미국이 중심이 된 자본주의 세력과 소련이 중심이 된 공산주의 세력이 서로 세계를 파괴할 수 있는 무기를 만들며 전쟁 분위기를 이어 갔어. 한반도는 이 둘의 힘이 맞부딪치는 최전선이 되었지. 전 세계를 죽음의 공포로 몰고 갔던 제2차 세계 대전에 이어 제3차 세계 대전이 벌어질지도 모른다는 불안감이 전 세계 사람들의 머리에서 떠나지 않았고, 그 시작이 한반도가 될 거라고 생각하는 사람들도 많았단다.

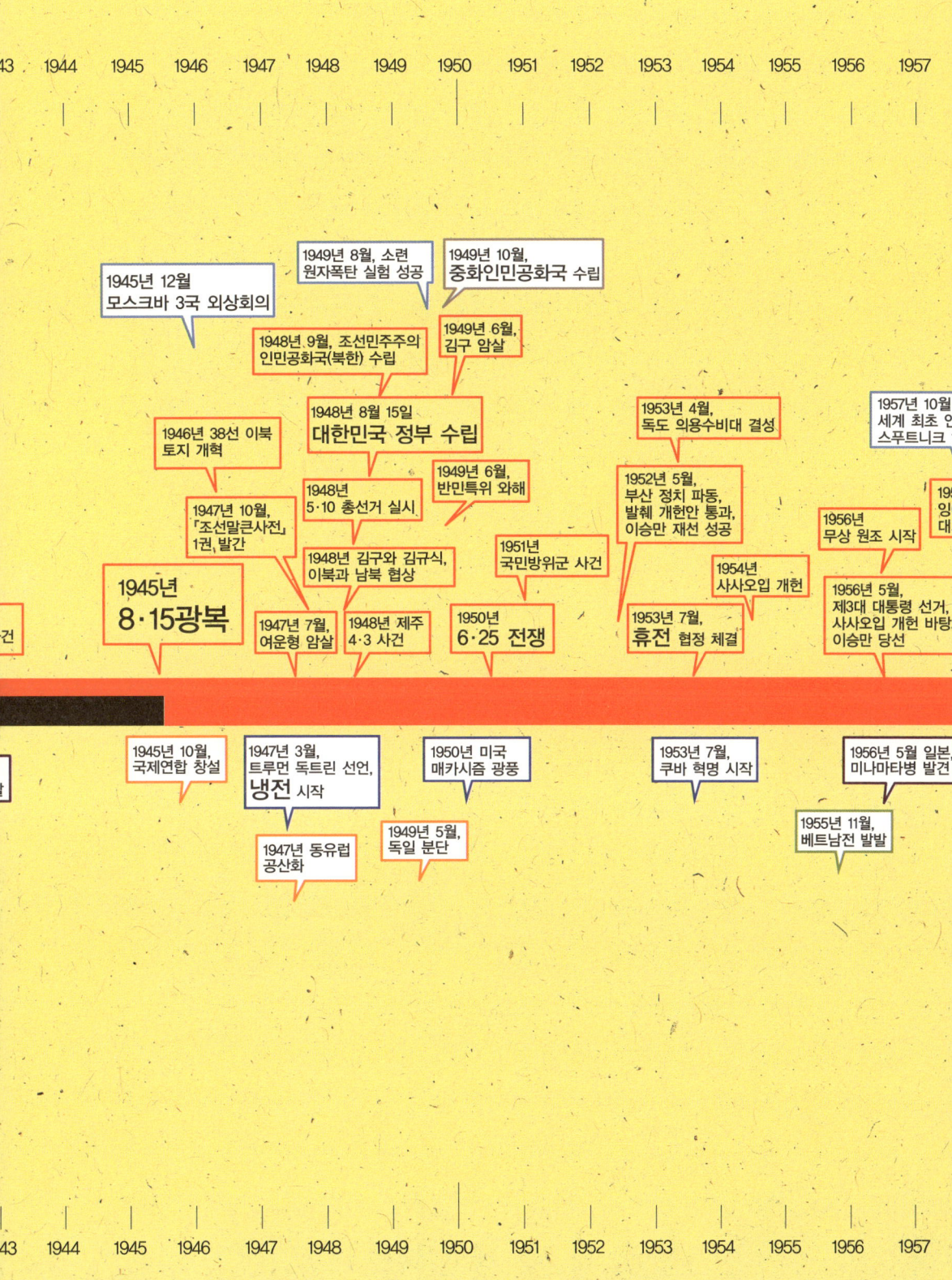

## 한국, 미국과 동맹 관계를 맺다

정전 협정으로 전쟁은 일단락되었어. 그러나 정전이란 말에서 알 수 있듯이 언제든 다시 전쟁이 일어날 수 있는 분위기였지. 그만큼 자본주의 세력과 공산주의 세력이 맞서고 있는 한반도는 매우 불안한 상황이었어.

군사적으로 힘이 약한 한국 정부는 전쟁이 끝나자마자 미국과 한·미 상호 방위 조약을 맺었단다. 한국과 미국이 서로 지키고 보호하는 일을 함께 하자는 조약이라는 말이야.

한·미 상호 방위 조약의 일부 내용은 다음과 같아.

2조 무력 공격에 위협을 받을 때는 서로 협력한다.
4조 상호 합의에 의해 미국은 육해공군을 한국의 영토 내와 그 부근에 배치할 수 있는 권리를 가지며 한국은 이를 허용한다.

*주둔
군대가 임무를 수행하기 위해 어떤 지역에 머무는 것을 말해.

이 조약으로 군사적인 위협에서 미국과 한국이 협력해 작전을 펼치게 되었어. 물론 그 작전을 지휘하는 주체는 미국이고 말이야. 한국의 영토에 미군이 군부대를 만들어 머물게 되었지. 이 군대를 주한 미군이라고 해. 한국에 주둔*하는 미군이란 뜻이야. 이렇게 한·미 동맹이 맺어지고 지금까지 유지되고 있단다.

## 전쟁이 남긴 상처들

"3년간의 전쟁은 멈췄지만 전쟁의 결과는 참혹했어. 6·25 전쟁을 '톱질 전쟁'이라고 부르기도 해. 한반도 남쪽 끝까지 쓸고 내려온 거대한 톱날은 다시 한반도 북쪽 끝까지 휩쓸고 올라갔어. 그리고 다시 국토를 휘저으며 다시 38선까지 내려온 뒤, 38선 근처에서 위아래로 밀고 밀리며 끝없이 톱질이 이어졌거든.

이 거대한 톱날 아래 사람들은 대책 없이 죽어 나갔어. 사람들이 살던 집은 물론이고 공장, 도로, 철도, 다리 등 주요 시설물이 파괴되었지. 뿐만 아니라 우리의 훌륭한 역사와 문화를 보여 주는 문화유산이 파괴되거나 어딘가로 사

**6·25 전쟁으로 파괴된 수원 화성**
3년여 간의 기나긴 전쟁으로 문화유산을 포함해 국토 전체가 폐허가 되고 말았어.

라져 버렸단다."

"전쟁으로 남한과 북한의 군인들만 120만여 명이 죽거나 다치거나 실종되었어. 군인뿐만 아니라 민간인도 많이 죽거나 다쳤지. 남북한 민간인 희생자 수는 군인보다 훨씬 많은 것으로 추정되고 있단다.

남한은 생산 시설의 절반이 파괴되었는데, 북한의 피해는 더욱 컸어. 또 전쟁을 피해 고향을 떠난 수많은 피난민들은 낯선 곳에서 어렵게 자리를 잡아야 했어. 이 과정에서 가족과 헤어져 다시 만나지 못하게 된 사람들이 있는데 이들을 이산가족이라고 해. 전쟁으로 부모를 잃은 전쟁고아들은 추위와 배고픔 속에 거리를 떠돌아야 했어.

그러나 무엇보다 슬픈 일은 하나의 민족으로 살아온 사람들이 남과 북으로 나뉘어 서로 죽고 죽이면서 상대방에 대한 깊은 증오심이 심어진 것이란다."

증오의 가장 큰 원인은 국군과 북한군이 한반도의 남과 북을 오르내리며

### 6·25 전쟁 당시 인명 피해

**군인**

| 구분 | 사망 | 부상 | 실종/포로 |
|---|---|---|---|
| 한국군 | 13만 7,899명 | 45만 742명 | 3만 2,838명 |
| 국제연합군 | 4만 670명 | 10만 4,280명 | 9,931명 |
| 북한군 | 50만 8,797명 | – | 9만 8,599명 |
| 중국군 | 14만 8,600명 | 79만 8,400명 | 2만 5,600명 |

**민간인**

| 구분 | 사망 | 학살 | 부상 | 납치 | 행방불명 |
|---|---|---|---|---|---|
| 한국 | 24만 4,663명 | 12만 8,936명 | 22만 9,625명 | 8만 4,532명 | 30만 3,212명 |
| 북한 | 사망자, 부상자 등 모든 피해자를 한국 정부는 약 20만 명으로 추정하고 있고, 북한은 약 260만 명으로 주장하고 있다. | | | | |

**1983년 KBS 이산가족 찾기 생방송**
이산가족을 찾기 위해 붙여 놓은 수많은 벽보들은 6·25 전쟁의 아픔을 적나라하게 보여 준다.

번갈아 도시와 마을을 점령한 거야. 그럴 때마다 주민들은 어느 한쪽 편을 들어야만 했지. 안 그랬다가는 재판도 없이 당장 총살을 당해야 했거든. 그런데 점령군이 바뀌면 적의 편을 들었다고 죽이는 일이 일상처럼 벌어졌어.

　국군이 들어온 지역에서는 '빨갱이'로 지목되면 총살을 당했고, 북한군이 들어온 지역에서는 '반동'이라고 지목되면 총살을 당했지. 법도 인권도 없는, 또 이럴 수도 저럴 수도 없는 지옥 같은 상황에서 사람들은 죽음의 공포에 떨어야 했단다.

　이승만이 한강 다리를 끊어 놓아 피난도 못 가고 있던 서울 사람들은 북한군이 쳐들어와 총으로 위협하니 그들의 잔심부름이라도 안 할 수 없었겠지. 그런데 이 모든 사람은 유엔군과 국군이 서울을 수복하자, 경찰과 헌병과 우

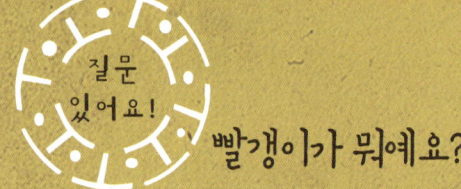

## 빨갱이가 뭐예요?

공산주의 국가의 국기에는 빨간색을 많이 썼어. 그래서 '빨갱이'는 공산주의를 따르는 사람을 낮잡아 불렀던 말이야.

현대사에서는 이 말이 공산주의자뿐만 아니라 우익에 반대하는 모든 사람을 모함할 때도 쓰였어. 친일파가 반민특위 위원을 공격할 때도 썼고, 4·3 사건 당시 좌익으로 의심되는 사람을 잡아 죽일 때도 썼지. 6·25 전쟁 때는 북한군이 시키는 일을 조금이라도 한 사람이면 빨갱이라고 낙인찍어 잡아들였어.

우익에 반대하는 모든 사람은 빨갱이라는 낙인에서 자유로울 수 없었어. 현대사 속에 등장하는 이승만 정권, 박정희 정권, 전두환 정권 등 독재 정권에 저항하는 사람을 탄압하는 굴레가 되었지.

요즘도 우익 단체의 집회에서는 빨갱이라는 단어가 빠지지 않고 등장해. 빨갱이라는 말이야말로 우리 현대사의 삐뚤어진 면을 단적으로 보여 주는 나쁜 사례야. 이 말 속에는 자신과 다른 생각을 가진 사람을 함부로 욕하고 마음대로 괴롭혀도 된다는 이기적이고 폭력적인 마음이 담겨 있지. 너희는 절대 이런 말을 써서는 안 되고 빠른 시간 안에 없어져야 할 말이라는 걸 잊어서는 안 돼.

익 단체에 의해 '빨갱이'란 이름으로 잡혀가 죽거나 큰 고초를 겪었지.

이런 일련의 사건은 우리에게 씻을 수 없는 깊은 상처를 남겼어. 같은 민족인 남과 북이 서로를 증오하게 되었을 뿐만 아니라, 같은 북한 사람끼리도 같은 남한 사람끼리도 서로를 믿지 못하고 원수처럼 여기게 된 거야.

상처는 전쟁 후 오랫동안 사람들의 가슴에 남아 서로를 미워하고 분열하는 일로 나타났어. 더욱 심각한 문제는 자신의 이익을 위해 분열을 이용하는 자들이 있었다는 거야. 그래서 전쟁의 상처는 아물지 않고 계속 덧나고 깊어졌단다."

빡쌤이 말을 마치자 숨죽이고 이야기를 듣던 아이들의 입에서 긴 한숨이 터져 나왔다. 아이들은 마치 자신이 직접 전쟁을 겪은 듯 얼굴이 까칠하고 눈이 퀭했다.

"우리가 살고 있는 이 땅이 70여 년 전에는 피로 물들었다고 생각하니 너무 무서워요."

평소 감정을 잘 드러내지 않던 은지가 미세하게 떨리는 목소리로 말했다.

"대부분의 사람들은 지금 우리가 누리는 평화가 얼마나 소중한지 잊고 살아가지. 아무리 경제적으로 발전해도 평화가 없다면 모래 위에 쌓은 탑과 같아. 모든 것이 한순간에 무너질 테니까. 그래서 남북이 화해하고 통일을 위해 노력하는 것이 무엇보다 중요하단다. 전쟁을 멈추는 정전 협정 대신 전쟁을 끝내는 종전 협정을 맺으려는 것도 그 노력 가운데 하나야, 알겠지?"

"네!"

아이들은 진심으로 평화로운 세상을 만들어야겠다는 생각을 하며 큰 소리로 대답했다.

"쌤, 그런데 오늘 점심 메뉴인 부대찌개에 전쟁과 관련된 슬픈 사연이 있다

고 하셨잖아요? 그게 뭐예요?"

마토가 주방에서 흘러나오는 냄새에 코를 벌렁거리며 물었다.

"그래, 부대찌개에 얽힌 사연을 이야기해 주기로 했지? 그럼 부대찌개 이야기로 6·25 전쟁 수업을 마무리하자. 전쟁 중에는 사람들이 먹을 것이 없었어. 그래서 미군 부대에서 미군들이 먹고 남긴 음식물 찌꺼기에 물과 약간의 곡식, 채소를 넣고 푹 끓여서 먹었지. 이것을 꿀꿀이죽이라고도 했어. 돼지가 먹는 죽이란 말이야."

"윽, 더러워! 남이 먹다 남긴 음식 찌꺼기를 먹다니······."

아이들은 당장이라도 토할 듯한 표정을 지었다.

"굶어 죽을 판에 찌꺼기를 먹는 것이 대수였겠니? 그마저도 쉽게 먹을 수 있는 게 아니었단다. 부대찌개도 미군 부대에서 먹다 남은 소시지나 햄에 김치를 넣어 끓여 먹기 시작한 음식이야. 꿀꿀이죽처럼 아무 재료나 넣지 않고, 제법 맛이 괜찮은 소시지와 햄을 골라 넣고, 김치를 넣어 우리 입맛에 맞게 조리법도 개발했지만, 결국 남이 먹다 남긴 음식물을 쓴 건 마찬가지지."

"그럼 지금 주방에서 끓고 있는 부대찌개가 그런 음식이었던 거예요?"

아이들은 입맛이 다 달아났다는 표정이었다. 그러나 마토는 아이들이 부대찌개를 먹지 않으면 모두 자기 차지가 될 것이라는 생각에 얼굴 가득 웃음이 번졌다.

"그렇게 시작되었지만 지금 우리가 먹는 부대찌개는 깨끗한 재료로 만들지. 당시에도 남은 음식이 아니라 미군 부대에서 몰래 빼낸 멀쩡한 햄과 소시지로 제법 고급진 찌개를 만들어 먹는 경우도 있었어. 물론 이런 고급 부대찌개는 아무나 먹을 수 있는 서민 음식은 아니었지.

요즘 들어서는 조리법이 발달해 통조림 콩이나 치즈를 넣는 등 아주 다양

하고 맛있는 부대찌개로 발전하고 있어.

비록 슬픈 유래를 갖고 있는 음식이지만 맛있는 음식으로 즐겨 먹게 된 건 우리나라 사람들이 전쟁의 상처를 잘 이겨냈기 때문에 가능한 게 아닐까? 부대찌개는 이제 슬픔이나 고통보다는 그것을 이겨낸 사람들에게 주는 상과 같은 것일지도 몰라. 우리는 부대찌개를 맛있게 먹을 자격이 있다는 말이야."

"그렇게 생각하니 빨리 부대찌개를 먹고 싶어요!"

아이들은 당장이라도 주방으로 달려갈 기세로 엉덩이를 들썩거렸다. 그러자 마토가 다급히 외쳤다.

"야, 우리가 얼마나 위대한 국민인데 이런 쓰레기 음식을 먹으려고 그래. 너희는 자존심도 없니?"

아이들이 먹지 않으면 고스란히 자기가 다 먹을 생각이었던 마토는 갑자기 아이들의 반응에 크게 당황했다. 그러자 파래가 일어서며 말했다.

"쌤이 그러시잖아. 부대찌개는 슬픔을 잘 이겨낸 우리에게 준 상이라고. 자존심 상하면 넌 먹지 마."

파래와 함께 아이들은 우르르 주방으로 몰려갔다. 마토는 이러지도 저러지도 못한 채 빡쌤을 쳐다보았다.

"가만히 보니 우리 마토가 먹보는 아니었나 보구나. 부대찌개를 상이라고 말한 쌤과는 다른 생각을 하다니 훌륭해. 그럼 마토를 억지로 데려가면 안 되겠지. 사리로 넣는 라면 하나 줄 테니 부셔서 먹고 있으렴."

빡쌤은 라면 하나를 마토에게 넘기고 휑 주방으로 가 버렸다.

마토는 제 손에 쥔 라면과 맛있는 부대찌개 냄새가 나는 주방을 번갈아 보았다. 그러고는 길게 고민하지도 않고 주방으로 달려가 아이들 틈에 엉덩이를 밀어 넣으며 말했다.

2부 민족의 가슴에 깊은 상처를 남긴 6·25전쟁

"역시 제 생각보다는 쌤 말씀이 맞는 것 같아요, 헤헤헤!"

# 밑줄 쫙!  은지의 한국사 노트

군사력이 약한 한국 정부는 전쟁이 끝나자마자 미국과 군사 협정을 맺었는데 이를 □·□ □□ □□ □□이라고 한다.
한미 상호 방위 조약 (거꾸로)

톱으로 나무를 썰듯 위아래로 오르락내리락 훑고 지나갔다고 해서 6·25 전쟁을 □□ 전쟁이라고 부르기도 한다.
톱질 (거꾸로)

전쟁을 피해 고향을 떠난 수많은 피난민들은 가족과 헤어져 다시 만나지 못하게 되었는데 이들을 □□□□이라고 한다.
이산가족 (거꾸로)

전쟁 중 국군이 들어온 지역에서는 '□□□'로 지목되면 총살을 당했고, 북한군이 들어온 지역에서는 '□□'이라고 지목되면 총살을 당했다. 법도 인권도 없는, 또 이럴 수도 저럴 수도 없는 지옥 같은 상황에서 사람들은 죽음의 공포에 떨어야 했다.
빨갱이, 반동 (거꾸로)

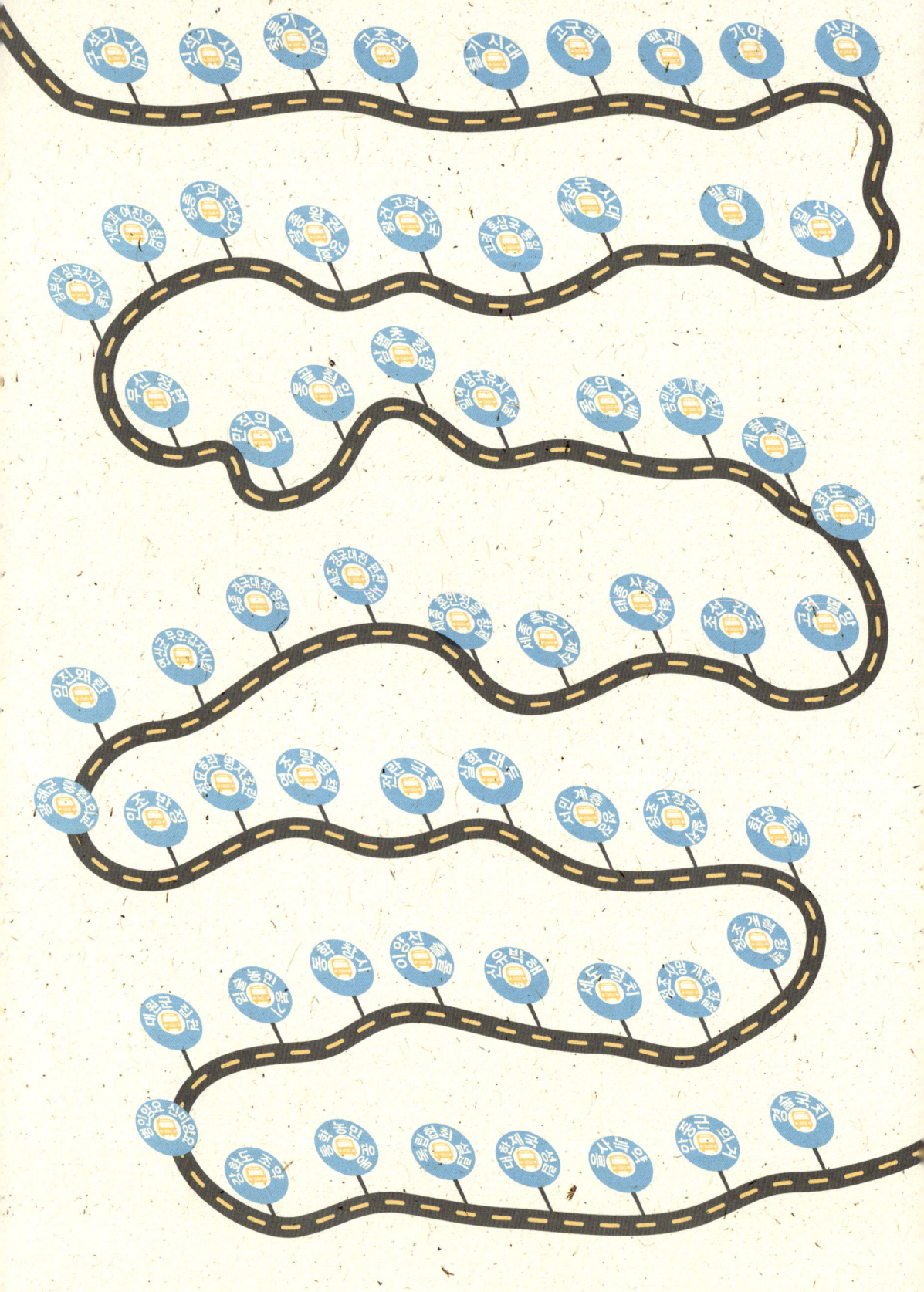

"이번 수업에서는 전쟁 이후 우리나라에 어떤 일이 있었는지 알아보자. 특히 우리의 민주주의 역사에서 가장 중요한 사건인 4·19 혁명을 공부할 테니 기대해."

빡쌤의 말에 아이들이 갑자기 소리를 질렀다.

"4·19 혁명이요?"

갑작스러운 아이들의 반응에 빡쌤은 어안이 벙벙했다.

"왜? 너희들 4·19 혁명을 알아?"

"소풍이요."

"소풍?"

"저희가 사는 곳에서 4·19 민주묘지가 가깝거든요. 그래서 그 근처로 소풍을 간 적이 있어요."

"오호, 그래? 잘됐구나. 그럼 다음 수업은 4·19 민주묘지로 가자."

"그곳이라면 저희가 안내할게요, 헤헤."

파래가 손을 번쩍 들며 말했다.

일주일이 지나 빡쌤과 아이들은 서울 지하철 수유역 4번 출구에서 마을버스를 타고 4·19 민주묘지 근처 정류장에서 내렸다.

내리자마자 길 안내를 하겠다던 파래가 묘역 정문을 향해 냅다 뛰었다.

"얘, 파래야, 너 어디 가?"

빡쌤이 다급하게 외쳤다. 그러나 파래는 그 소리를 못 들었는지 계속 달려갔다.

"야, 김파래, 돌아와!"

아이들이 일제히 손나팔을 하고 파래를 불렀다. 그제야 파래는 뛰어서 되돌아왔다.

"왜요?"

"너 이거 안 보고 어디로 가?"

빡쌤은 아홉 개의 돌기둥으로 된 조형물을 가리켰다.

"정문은 저쪽이에요."

파래는 자기가 뛰어가던 방향을 가리키며 고개를 갸웃거렸다. 다른 아이들도 마찬가지였다.

"이 녀석들, 이곳에 그냥 소풍만 왔었구나?"

"쌤, 이게 뭐예요?"

"이건 '민주의 뿌리'라는 조형물이야. 아래로부터 위로 힘차게 솟아오르는 모양이지? 민주주의의 주인이자 뿌리인 국민을 형상화한 거야. 이걸 그냥 지나치다니……."

그제야 아이들은 커다란 돌 조형물을 유심히 살펴보았다. 그러면서 뭔가 느끼는 게 있는 듯 고개를 끄덕거렸다.

"강한 의지를 가진 사람들이 우뚝 서 있는 것 같아요."

은지가 '민주의 뿌리'를 한 바퀴 돌고는 말했다.

"그렇지. 오늘 수업은 부정한 권력에 맞서 민주주의를 되찾은 국민에 관한 이야기야. 그럼 이제 4·19 민주묘지로 들어가자."

빡쌤과 아이들은 '민주의 뿌리'를 뒤로하고 진입로를 따라 정문으로 향했다.

조금 걷자 넓은 광장이 나왔다. 아이들은 벌써 여러 번 묘역에 왔던 터라 익숙하게 여기저기를 뛰어다녔다. 빡쌤은 아이들을 말리지 않고 가만히 두었다. 뛰다 지친 아이들이 땀으로 앞머리가 찰싹 달라붙어서 빡쌤 근처로 모여들었다.

3부 부패한 독재정권을 국민의 힘으로 무너뜨리다

"자, 이제 본격적인 수업에 들어가자."

빡쌤과 아이들은 광장 주변 연못가에 돗자리를 깔고 앉았다.

"저기 돌기둥이 양쪽으로 죽 늘어서 있고 그 위로 지붕 모양으로 꾸민 철제 구조물이 있지? 저게 뭔지 알아?"

"저거 상징문이라고 하던데요?"

꿀 먹은 벙어리처럼 조용한 아이들 사이에서 은지가 대답했다.

"맞아. 상징문은 사람들이 쉬고 놀 수 있는 광장과 4·19 혁명 때 희생된 사람들을 기리는 묘역을 나누는 역할을 해. 그런 만큼 이제 차분하게 집중하자."

"네."

아이들은 모기처럼 작은 소리로 대답했다.

"하하하, 그렇다고 작게 말하지는 않아도 돼. 자, 그럼 이야기 시작!"

## 썩어 가는 대한민국

전쟁 중 이승만은 권력을 유지하기 위해 군대까지 동원해 자신에게 유리하게 개헌을 했어. 이 과정에서 공포 분위기를 조성한 헌병대장은 바로 독립운동가를 잡아들여 잔인하게 고문한 친일 경찰 노덕술이었지. 이렇듯 이승만은 일제에 협력한 친일 세력들을 이용해 자신의 정치적 기반을 지켜 나갔단다. 이것을 통해 친일 세력들은 일제 강점기 때 누리던 부와 권력을 해방 이후에도 이어나갈 수 있게 되었지.

대한민국의 정신이 친일 세력에 의해 더럽혀질 때, 미국의 경제 원조가 있었어. 원조 물자의 가공과 분배에도 일제 강점기 때 부와 권력을 가진 자들이 개입해 큰 이득을 얻었지.

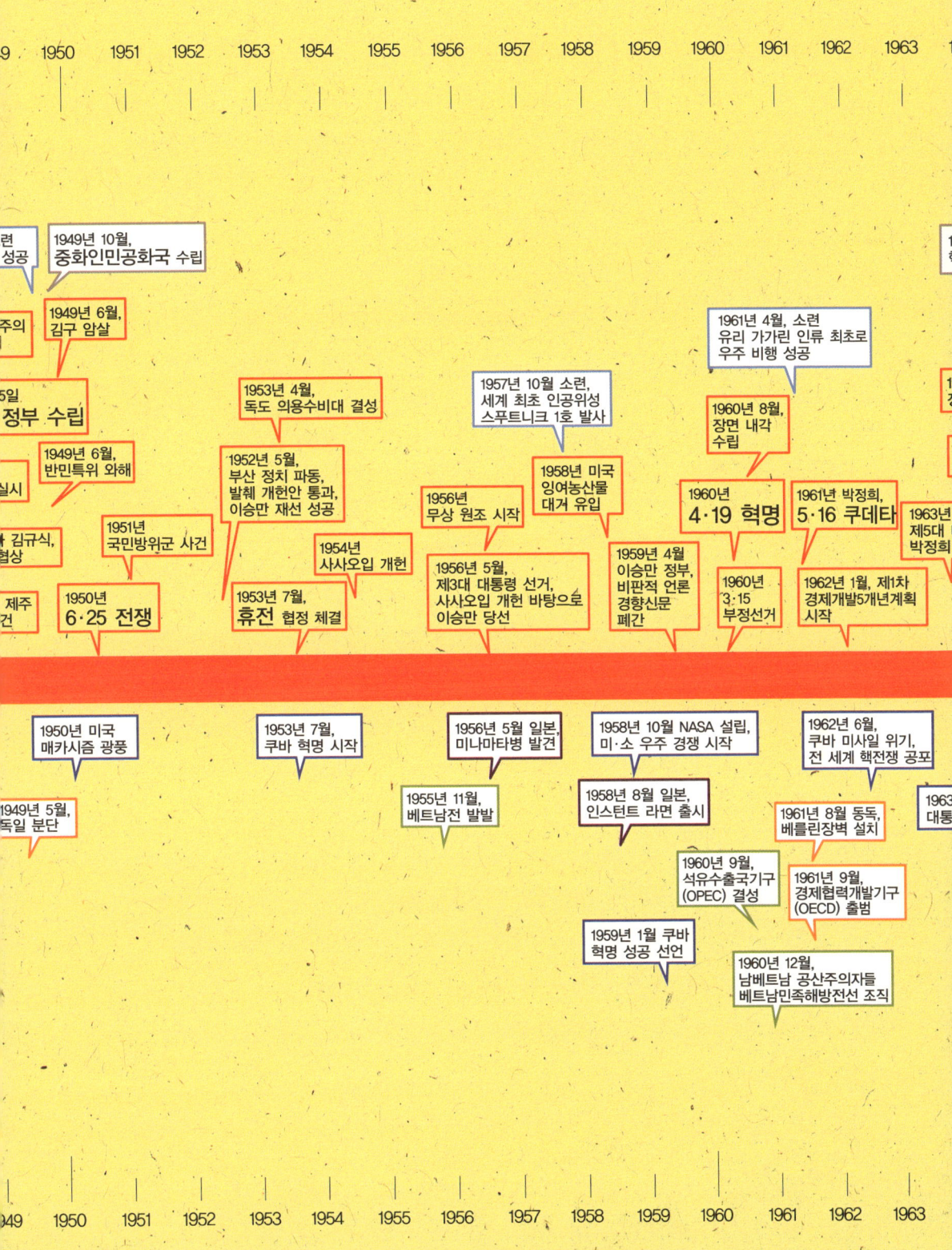

### 1952년 부산 정치 파동, 발췌 개헌

"지난 시간에 6·25 전쟁을 공부했는데, 오늘은 그 전쟁 중에 일어난 일부터 이야기해 볼 거야.

전쟁은 어마어마한 인명 피해뿐만 아니라 민주주의를 크게 후퇴시켰어. 전쟁 중 정부는 부산을 임시 수도로 삼았지.

전쟁 중인 1950년 제헌 의회 국회의원의 2년 임기가 끝났어. 두 번째로 치러진 총선거에서 이승만을 따르는 세력이 선거에서 대거 탈락했어. 예전에 5·10 총선에서 남한만의 단독 선거를 거부했던 임시 정부 세력 등 이승만을 반대하는 사람들이 선거에 참여했기 때문이야.

대통령을 더 하고 싶었던 이승만은 큰일이다 싶었지. 대통령 선거는 국회의원들이 투표해서 뽑는 간접 선거제였잖아. 이승만을 반대하는 사람들이 국회의원이 되었으니 다음 대통령은 물 건너간 분위기였어. 그래서 이승만은 일단 국회 안팎에 있는 여러 단체를 모아 자유당을 만들었어. 일을 꾸미려면 앞장설 사람이 있어야 하니까.

이승만은 국회의원에 의한 간접 선거제를 폐지하고 국민이 직접 대통령을 뽑는 직접 선거제로 개헌을 시도해."

"직접 선거를 하면 당선된다는 보장이 있나요?"

"당시는 전쟁 중이라 국민 모두 극도로 불안한 상태였잖아. 국민들은 대통령을 바꾸는 게 부담스러울 수밖에 없겠지. 게다가 미군이 없으면 당장 북한군에게 먹힐 상황이었고 말이야. 미국과 친한 이승만이 없다면 혹시 뭔가 잘못되지 않을까 하는 불안감도 있었고.

또 당시 사람들은 민주주의에 대한 경험이 없었어. 대신 오랜 옛날부터 이

어져 온 왕정*에 익숙해져 있었어. 다시 말해, 대통령을 국민이 뽑은 일꾼이 아니라 국민을 다스리는 왕처럼 생각했던 거야. 여러모로 직선제로 바꾸면 이승만이 다시 대통령이 될 가능성이 있는 상황이었단다.

이런 상황에서 이승만은 무슨 수를 써서라도 직선제로 헌법을 고치려고 했어. 이승만의 속셈을 알고 있던 국회는 직선제 개헌안을 거부하고 내각 책임제로 정부 형태를 바꾸는 헌법 개정안을 제출했지.

*왕정
왕이 나라를 다스리는 정치 체제를 말해.

그러자 이승만은 헌병을 시켜 국회의원들이 탄 통근 버스를 군부대로 끌고 가서 공산주의자로 몰았어. 공산주의 세력과 싸우는 전쟁 중에 공산주의자는 곧 적군이니 당장 총으로 쏴서 죽이겠다는 말이었지. 이때 헌병대장이 누군지 알아? 바로 반민특위에 잡혀갔다 풀려난 친일 경찰 노덕술이야!

아무튼 헌병은 국회의원들을 경찰서 지하에 가두고 깡패를 시켜 협박했어. 그런데도 직선제 개헌에 반대하면 감옥에 가둬서 아예 국회에 나오지 못하게 했지.

이런 분위기에서 직선제 개헌안이 표결에 부쳐졌어. 그런데 여기서도 말도 안 되는 일이 벌어져. 비밀 투표가 아니라, 찬성하는 사람은 자리에서 일어서는 식으로 공개 투표를 한 거야. 뒤에는 깡패들이 눈을 부라리는 상황에서 말이지. 민주주의 선거의 기본은 비밀 선거 아니겠니? 이렇게 누가 누구를 찍었는지 다 알도록 한다면 자유롭고 공정한 선거가 이뤄질 수 없겠지.

온갖 탈법과 폭력을 동원해 이승만은 직선제 개헌안을 통과시키고, 마침내 1952년에 치러진 대통령 선거에서 승리해. 이것이 대한민국 역사의 첫 번째 개헌인 '발췌 개헌'이야.

'발췌'란 어떤 책이나 글에서 필요하다고 생각되는 부분만 가져다가 내용을 만드는 거야. 이승만은 자신의 직선제 개헌안과 국회의 내각 책임제 개헌

안에서 좋은 것만 발췌해 개헌안을 만들었다고 주장했어. 언뜻 들으면 서로의 생각을 다 받아들이는 것 같지만 실제로는 직선제 개헌안만으로 선거를 치르고 정부를 꾸렸지. 내각 책임제에 관한 내용은 시행조차 되지 않았어.

이렇게 임시 수도 부산에서 벌어진 일을 가리켜 '부산 정치 파동'이라고 불러. 이건 단지 1952년에 있었던 하나의 사건이 아니라 앞으로 대한민국의 정치가 어떻게 흘러갈지 보여 주는 중대한 일이었지."

## 다시 친일파의 세상이 펼쳐지다

"전쟁이 미친 영향 가운데 중요한 것이 있어. 바로 친일파가 다시 한국의 지배 계층으로 자리 잡았다는 거야. 전쟁을 치르면서 친일파 청산을 강하게 주장했던 좌파들은 죽임을 당하거나 북으로 넘어갔어.

우파지만 친일파 청산에 적극적이고 이승만에 비판적인 중도파도 빨갱이 사냥으로 제거되었지. 이제 친일파를 몰아낼 사람들은 거의 사라졌어. 친일파는 일제 강점기 때와 같이 한국 지배 계층의 핵심을 차지한 거야.

정치는 물론 경제, 군대, 경찰, 검찰, 법원, 문화(미술, 음악, 문학 등), 교육, 스포츠 등 모든 분야의 최상층은 친일파가 차지하고 친일파에 복종하는 사람들만 높은 자리에 앉혔어. 성공에 눈이 먼 사람들은 친일파에 줄을 대려고 바빴지.

친일파의 눈에 들지 않고는 어느 분야에서도 성공할 수 없었어. 또 그들의 눈 밖에 났다가는 공산당으로 몰려 가혹한 처벌을 받거나 평생토록 직장도 구하지 못하는 처지가 될 수도 있었지.

친일파들은 또 독립운동가의 가족이나 친인척이 유공자로 지정되는 것을 방해하고 심지어 친일파가 독립운동가로 둔갑하는 일도 벌어졌어.

전쟁 과정에서 반대 세력을 완전히 제거한 친일파는 부와 권력을 독차지할 수 있는 확실한 기반을 마련했어. 미군정과 이승만의 비호 아래 반민족 행위자로 처벌받는 것을 모면한 친일파는, 전쟁을 통해 우리 민족의 미래를 마음대로 주무를 수 있게 된 거야."

## 미국 경제 원조의 빛과 그림자

"전쟁으로 국토 전체가 폐허가 되고 공장과 산업 시설의 절반 이상이 파괴되었어. 친일파를 포함한 몇몇 부자와 관리를 제외하고는 국민 대부분이 굶주림에 시달렸지.

이때 여러 국제단체에서 구호물자를 보내 우리를 도와주었어. 구호물자는 통조림, 우유 가루, 밀가루와 옥수수 가루 등 식량이 대부분이었어. 그리고 지난 시간에 이야기했듯이 음식 찌꺼기를 모아 꿀꿀이죽을 끓여 끼니를 때웠지. 살아야 하니까 배를 채울 수 있는 거라면 뭐라도 먹은 거야.

물론 언제까지나 구호물자를 받을 수는 없으니 서둘러 경제를 살려야 했지. 황무지가 된 땅을 일궈 농사도 짓고, 물건을 생산할 공장도 세우고, 물자를 나를 도로와 철도, 다리도 다시 만들어야 했어. 그러려면 자본이 있어야 하는데 전쟁이 끝난 우리나라에 남아 있는 건 정말 아무것도 없었지.

이때 미국은 우리나라에 농산물과 소비재\*를 원조해 주었어. 미국이 원조해 준 것은 밀, 사탕수수, 면화 등이었어. 잉여 농산물이라고 해서 미국에서

너무 많이 생산돼 남아도는 것이었지. 미국 정부는 남는 농산물을 미국 농민들로부터 구입해 농업 분야의 문제를 해결할 수 있었어.

*소비재
인간이 일상생활에서 직접 소비하는 물건을 가리켜.

또 폐허가 된 자본주의 나라를 돕는 모습을 보임으로써 자본주의 체제가 우월함을 세계에 과시할 수도 있었지. 우리나라를 도와 살 만하게 만들면 자본주의 국가들은 미국을 자본주의 체제의 수호신으로 보겠지. 또 어려운 상황에 있는 공산주의 국가의 국민들은 자본주의 체제가 낫다고 생각할 수도 있을 거고."

물론 우리 입장에서는 미국이 어떤 속내를 가지고 도와주었든 무조건 고마운 일이었어. 쌤이 굳이 미국의 속내를 이야기하는 이유는, 미국이 마음씨가 아주 좋아서 우리나라를 도운 게 아니라 나름의 속셈이 있었다는 걸 말하려는 거야. 자신의 이익에 맞게 한반도를 두 동강 내는 데 앞장선 미국이 갑자기 착해졌다고 순진하게 믿지 말라는 거지.

미국이 원조해 준 밀로는 밀가루를 만들고, 사탕수수로는 설탕을 만들고, 면화로는 옷을 만들며 산업을 일으켜 나갔어. 이때 밀가루, 설탕, 면화 세 가지가 모두 흰색이어서 관련 산업을 '삼백산업'이라고 불러.

그런데 말이야, 원조 물자는 아무에게나 주지 않았어. 그것을 가공할 공장이나 기계가 있는 사람에게만 주었지.

당시에 공장이나 기계는 일제 강점기에 일본인이 소유했다가 일제 패망 후 남기고 간 것들이야. 이것을 귀속 재산이라고 불러. 귀속 재산은 미군정 소유가 되었고 이후 대한민국 정부로 넘어갔지.

정부는 귀속 재산을 아주 싼 값으로 처분했어. 그런데 아무리 싸다고 해도 공장이나 기계가 한두 푼 하는 건 아니잖아? 귀속 재산을 산 사람들은 일제

강점기부터 돈을 많이 갖고 있던 사람들이었지.

이 돈 많은 사람들은 당시 정부로부터 아주 싼 가격에 귀속 재산을 사들였는데, 모자라는 돈은 금융 기관에서 매우 낮은 이자 혜택을 받으며 빌렸지. 정부에서 왜 그 부자들에게 헐값으로 특혜까지 주면서 공장과 기계를 넘겼는지 자세한 내막까지는 몰라. 아주 친하거나 서로 뭔가 이득이 되는 게 있지 않았을까?

공장과 기계를 소유한 기업가들은 원조 물자까지 독점하면서 큰 이익을 얻을 수 있었어. 이 과정에서 좀 더 많은 원조 물자를 받기 위해 정부와 정치인에게 뒷돈을 주기도 했지. 이 뒷돈은 선거 때 정치인들이 국회의원으로 다시 뽑히기 위한 자금으로 쓰였어. 기업가와 정치인이 국민들의 심각한 경제 상황은 아랑곳하지 않고 검은 뒷거래를 했으니 나라 꼴이 잘 될 리 있겠니?

정부는 정치인과 기업가가 저지르는 온갖 부정부패와 불법 행위를 바로잡고 도탄에 빠진 국민을 위해 노력해야 했어. 하지만 이승만 정권은 그렇게 하지 않았지. 오히려 정부를 비판하는 개인이나 단체를 공산주의자로 몰아세웠던 거야.

이런 방식은 해방 이후 친일파가 반탁을 외치며 찬탁(정확히는 통일된 임시 정부 지지) 쪽 사람들을 빨갱이로 몰아세운 이래로 극우파나 우파의 단골 레퍼토리가 되었지.

이렇게 시작된 반공주의는 전쟁을 거치면서 정권을 유지하는 가장 유용한 도구로 자리 잡았어. 전쟁이라는 말만 나와도 경기를 일으킬 정도인 국민들에게 이승만 정권은 북한이 당장 전쟁을 일으킬 것처럼 선전했어. 공산주의라는 말 정말 치가 떨리는 단어였겠지?

국민의 공포심을 자극해 얻은 지지를 바탕으로 이승만 정권과 정치인, 관

## 질문 있어요! 원조 물자 때문에 우리 농업이 망했다고요?

원조 물자는 전쟁 피해를 복구하고 국민의 배고픔을 해결하는 데 큰 도움을 주었어. 그런데 원조 물자 때문에 큰 어려움에 빠진 사람들도 있었지. 바로 농민들이야.

어마어마한 미국 농산물이 들어와 시중에 싸게 팔리자 국내 농산물 가격은 땅에 떨어지고 말았어. 일반 국민 입장에서는 싼 미국 밀가루로 배고픔을 해결할 수 있었지만 상대적으로 비싼 우리 쌀이나 밀, 보리 등은 살 수 없었지. 그러니 우리 농민들은 아무리 농사를 지어도 제 값을 받고 농산물을 팔 수 없었던 거야. 면화 농사를 짓던 사람들도 미국산 면직물 때문에 줄줄이 망할 수밖에 없었고.

농사로는 먹고살기 힘들어진 농민들은 농촌을 떠나 도시에서 막노동이라도 해야 했단다.

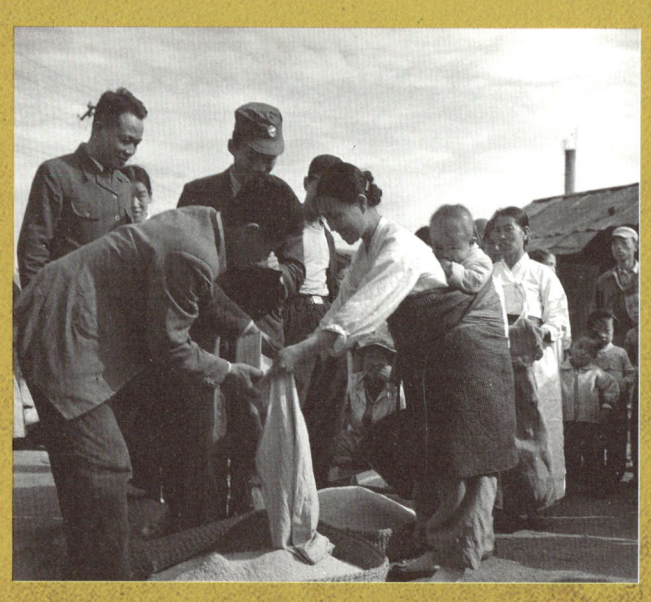

미국이 원조한 식량을 배분받는 한국인들

리, 기업인은 자신들의 부정부패와 무능을 지적하는 사람들을 제거했어. 심지어 야당 대통령 후보인 조봉암을 공산주의자로 몰아 사형에 처했고 진보당을 해산시켜 버렸지. 또 정부를 비판하는 글을 실었다고 해서 경향신문을 강제로 폐간하기까지 했단다.

한술 더 떠 우파의 사주를 받은 조직 폭력배들이 반공 청년단이라는 이름으로 정권에 반대하는 사람이나 단체에 무자비한 폭력을 휘두르기도 했어.

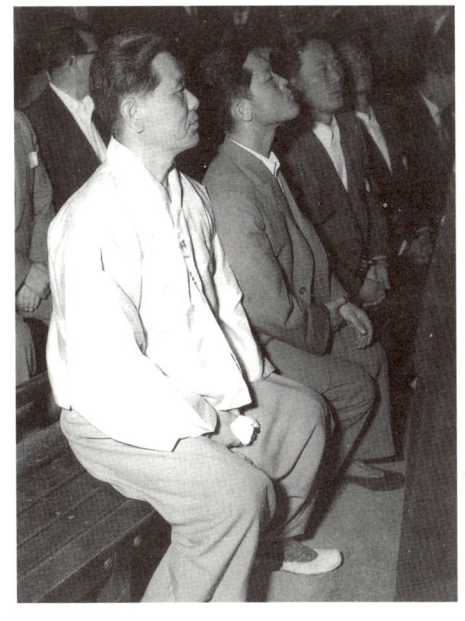

**재판받는 조봉암**
반공을 내세운 이승만은 조봉암처럼 자신과 반대되는 세력을 희생시켰어. 조봉암은 결국 사형에 처해졌지.

이렇게 나라가 썩어 가고 있을 때인 1950년대 말 미국은 우리나라에 대한 원조를 줄여 나갔어. 그만큼 도와줬으면 이제 너희가 알아서 살아가라는 것이었지. 그런데 이승만 정권은 경제 발전에 관한 비전도 없었고 노력도 없었어. 일제 강점기부터 외국의 도움을 받는 걸로 모든 문제를 해결하려던 이승만은 미국의 원조를 받는 게 거의 유일한 경제 정책이었지.

원조가 축소되자 대한민국 경제는 크게 휘청거렸어. 경제 위기에 따른 고통은 전쟁 직후와 마찬가지로 기업가나 정치인을 제외한 일반 국민의 몫이었단다.

그럼 자리를 옮겨 이야기를 계속하자."

　빡쌤과 아이들은 돗자리를 챙겼다. 거대한 돌 조형물로 이루어진 상징문을 지나자 넓은 잔디밭이 나왔다. 잔디밭 좌우로는 주먹과 사람들과 깃발 같은 것들이 뒤엉킨 청동 조형물이 있었다.

　"이것은 '자유의 투사'라는 조형물이야. 해방되고 정부가 세워졌지만 말뿐인 민주주의 국가였지. 국민들은 자유를 빼앗긴 채 억압된 삶을 살아야 했어. 조형물은 이처럼 어두운 시대에 저항한 사람들을 기리는 작품이야. 저항하는 학생들과 폭력으로 진압하는 경찰들의 조각상을 통해 당시의 극한 상황을 잘 보여 주고 있어."

　"도대체 무슨 일이 있었던 거죠?"

# 밑줄 쫙! 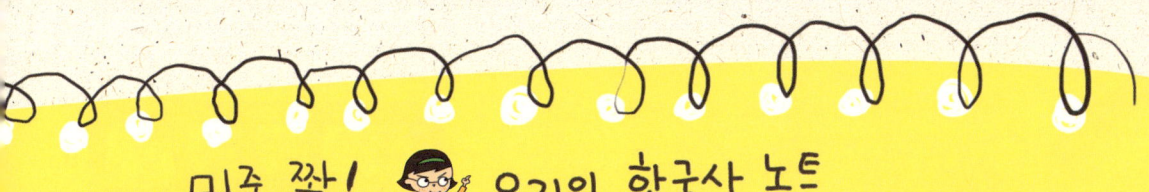 은지의 한국사 노트

이승만은 임시 수도 부산에서 대통령의 권력을 유지하기 위해 군인들을 동원해 공포 분위기를 조성하고 자신에게 유리한 개헌을 했다. 이 사건을 □□ □□ □이라고 한다.

움직 정치 파동

이승만이 자신을 반대하는 국회의원들이 내놓은 내각제 개헌안과, 자신을 따르는 정치인들을 통해 내놓은 직선제 개헌안에서 자신에게 유리한 내용만 뽑아 통과시킨 개헌을 □□ 개헌이라고 한다.

발췌

미국은 밀, 사탕수수, 면화 등을 우리나라에게 원조해 주었다. 이승만 정권 때 이 세 가지 흰색 재료로 제품을 만드는 □□□□이 발전했다.

삼백 산업

이승만 정권은 자신들의 부정부패와 무능을 지적하는 사람들을 제거했다. 심지어 야당 대통령 후보인 □□□을 공산주의자로 몰아 사형에 처했고 진보당을 해산시켜 버렸다. 또 정부를 비판하는 글을 실었다고 해서 □□신문을 강제로 폐간하기까지 했다.

조봉암, 경향

국민들이 일어나 부패한 이승만 정권을 무너뜨리다

전쟁으로 초토화된 데다 미국이 원조를 줄이자 나라 경제는 심각하게 어려워졌어. 미국의 원조에 기대는 것 말고는 별다른 경제 정책을 가지지 못한 이승만은 어떤 대책도 내놓지 못했지. 부자들은 권력에 기대 부를 축적해 갔고 정치인과 관리들은 뇌물을 받은 대가로 부자들에게 특혜를 주었어. 부정부패가 만연한 상황에서 국가는 국민들의 편에서 일하지 않았지. 일반 국민들의 생활은 이루 말할 수 없을 정도로 비참했단다.

당연하게도 국민들의 마음은 이승만 정권으로부터 멀어져 가기 시작했어. 그러자 정권을 끝없이 연장하려는 이승만 정권은 선거 과정에서 온갖 부정한 짓을 저질렀어.

더 이상 참지 못한 국민들은 선거 무효를 외치며 시위를 벌였어. 그러다가 당시 마산상고 학생 김주열이 눈에 최루탄이 박힌 모습으로 발견되자 국민들의 분노는 극에 달했어. 경상도 지역에서 시작된 시위는 곧 전국적으로 퍼져 갔지. 대학생, 고등학생, 중학생 심지어 초등학생까지 시위에 참가했어. 경찰은 시위대를 향해 총을 난사했고 많은 사람들이 죽었지. 그러나 사람들은 물러서지 않았단다.

목숨을 걸고 민주주의를 지키겠다는 국민들의 저항은 더 이상 무력으로 누를 수 없었어. 그리고 마침내 이승만 정권은 무너졌지. 국민과 민주주의의 승리였어.

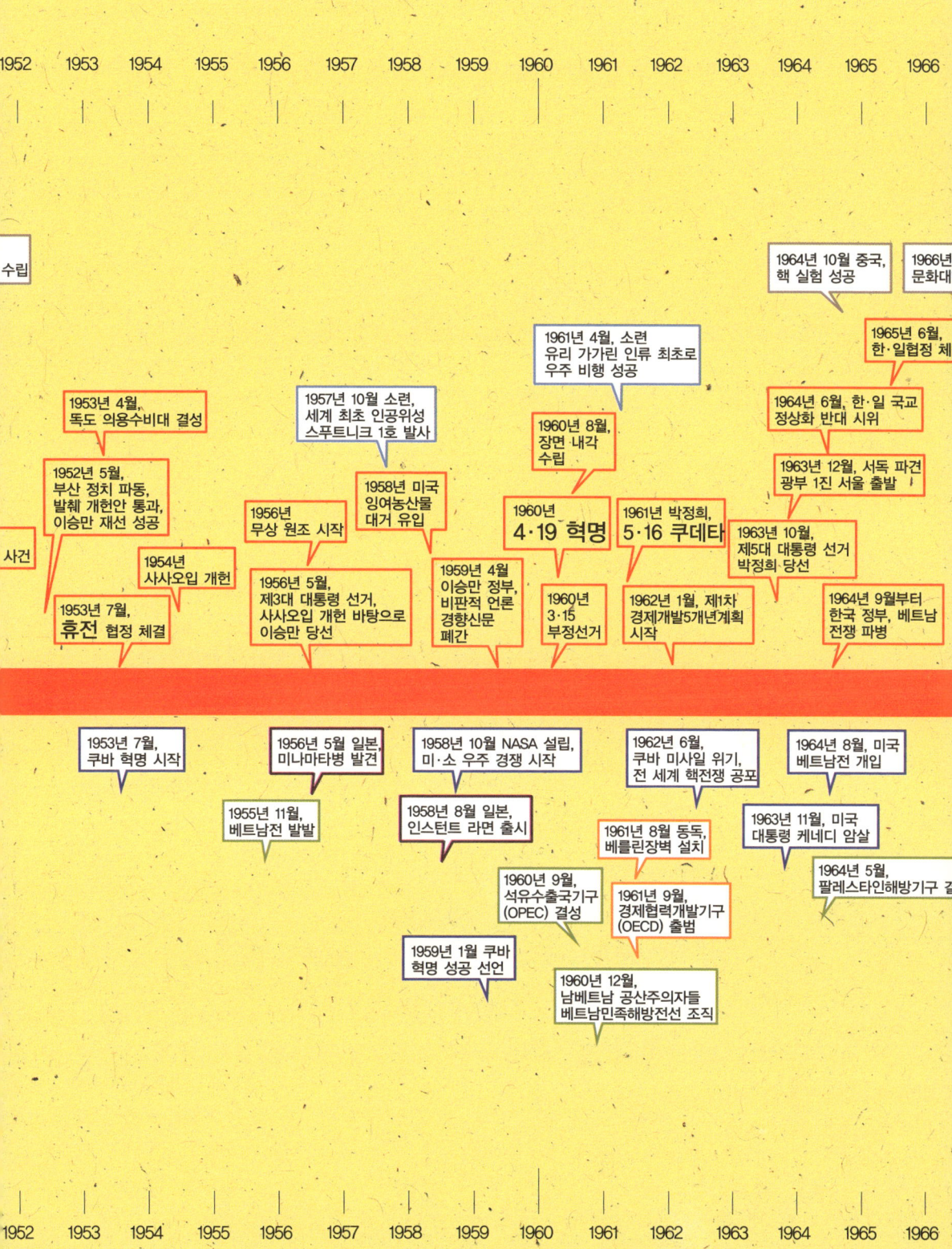

## 이승만 정권, 부정 선거로 민주주의를 더럽히다

"아까 전쟁 중이던 1952년 이승만이 폭력을 앞세워 헌법을 고치고 두 번째로 대통령이 되었다고 이야기했지?

그로부터 2년이 지난 1954년에 국회의원을 뽑는 총선이 치러졌어. 이승만은 이때도 다시 헌법을 뜯어 고치려고 해. 기존 헌법은 대통령의 임기를 4년으로 하고 두 번까지만 대통령을 할 수 있도록 정해 놓았어. 즉, 대통령을 세 번 할 수는 없다는 말이야.

이승만은 이미 두 번 대통령을 했으니 더 이상 대통령을 할 수는 없었지. 따라서 1956년 치러질 대통령 선거에는 나가지 못해. 그러나 이승만은 또 대통령이 되고 싶었어. 그래서 헌법을 고치려 한 거야. 그런데 헌법은 누가 고칠 수 있지?"

"그야 국회의원들이죠."

"맞아. 그래서 1954년 총선에서 자신을 지지하는 자유당 국회의원이 야당보다 많이 당선되어야 했어."

"아니, 대통령을 하고 싶다고 헌법을 막 고치는 게 말이 돼요?"

"그러니까 이승만이 독재자고 민주주의를 망친 사람이라는 거야. 예전에 총선에서 크게 패한 뒤 군대와 경찰, 깡패를 동원해 간신히 개헌한 이승만이 1954년에 해서는 안 될 짓을 또다시 벌이지."

"아, 정말 지친다. 이게 무슨 대통령이야?!"

"사실 대한민국 임시 정부 대통령을 할 때 보인 독선적인 행동에서 이미 그 싹을 볼 수 있지. 대통령 이승만은 1954년 총선에서 전국에 깔린 공무원과 경찰을 이용했어. 일제 강점기부터 공무원과 경찰 조직은 국민을 우습게 알

고 언제나 국민 위에 군림했지. 마치 조선 시대 관리들처럼 말이야. 국민들은 그들을 아주 두려워했어. 역시 조선 시대 백성들처럼 말이지.

그런데 공무원과 경찰이 국민들에게 상냥한 얼굴로 고무신도 주고 막걸리와 밥도 사 주고 돈도 주었어. 자유당 후보를 찍으라고 하면서 말이야. 국민들은 공무원과 경찰 말대로 안 하면 어떤 보복을 당할지 몰라 불안했겠지? 게다가 술과 음식과 돈을 받았으니 이래저래 말을 듣지 않기가 어려웠어. 깡패들은 눈을 부라리며 돌아다니고 경찰은 그 뒤에서 국민을 감시했어."

"휴우, 결과가 어땠을지는 뻔히 알겠네요."

"그래. 총선에서 자유당이 승리해. 총 203석의 국회의원 의석에서 114석을 차지했어. 그런데 헌법을 고치려면 국회의원 2/3 이상의 찬성이 필요해. 2/3가 되려면 몇십 명이 모자라잖아. 그래서 자유당 말고 다른 국회의원을 각종 이권으로 꾀어 자기편으로 삼았지.

대통령의 임기를 지금처럼 세 번 연거푸 하는 것을 금지하는 헌법을, '초대 대통령에 한해서 그 이상 대통령을 해도 된다'는 것으로 고치는 개헌안이 발의되었어. 즉, 이승만이 죽을 때까지 대통령을 해도 된다고 법을 바꾼 거야. 투표가 이루어지고 결과는? 두구두구두구……."

"에이, 쌤, 재미없어요. 나라가 엉망인데 무슨……."

"너희가 너무 감정적인 것 같아서 그렇지. 지금 우리는 민주주의를 성공적으로 발전시키는 나라로 인정받고 있잖아. 이렇게 되기까지 역사를 차분하고 이성적으로 보자는 말이야. 알았지?"

"네."

"투표 결과, 개헌 찬성표가 135표가 나왔어. 개헌안이 통과되려면 203명 가운데 2/3인 135.333…… 이상이 되어야 하니까 총 136명이 찬성해야 하

지. 그런데 딱 한 표가 모자란 거야."

"헐, 너무 얄궂다. 그럼 개헌안이 부결되었겠네요?"

"이승만은 다시 대통령이 될 자격을 잃었을 테니, 아휴 다행이다!"

"그런데 자유당은 반올림을 해서 소수점 이하인 0.333을 버리면 135가 되므로 개헌안은 통과된 거라는 해괴한 논리를 들고 나오지."

"말도 안 돼. 135.333…… 이상이란 건 적어도 136명은 되어야 한다는 말이잖아요."

"맞아. 말도 안 되는 반올림을 들먹이며 개헌을 강행했다고 해서 이를 '사사오입 개헌'이라고 해."

"이제는 화가 나는 게 아니라 창피하다!"

"누가 보더라도 부끄러울 짓을 해서 이승만은 평생 대통령을 해먹을 법을 만들고 1956년 대선이 시작돼. 여당 대통령 후보는 당연히 이승만이고, 야당에서는 민주당 신익희와 진보당 조봉암이 후보로 나섰지. 그런데 선거를 열흘 앞두고 갑자기 신익희 후보가 심장마비로 죽어. 선거는 이승만과 조봉암의 대결이 되었지.

선거 결과 이승만이 약 500만 표, 조봉암이 약 250만 표를 얻어. 그런데 무효표가 185만여 표나 나왔어. 세상을 떠난 신익희를 기리는 표였어. 조봉암 표와 신익희 표를 합치면 이승만 표에 거의 근접하는 435만 표나 되지.

당시 선거가 공무원, 경찰, 깡패 등이 동원되어 막걸리와 고무신을 돌리고 온갖 협박과 폭력이 난무하는 상태에서 이뤄진 데다, 조봉암 표를 이승만 표로 바꿔치는 등 갖가지 속임수가 동원된 것을 생각하면, 공정한 선거일 경우 야당이 여당을 이겼을 수도 있었어.

실제로 대통령 선거와 함께 치러진 부통령 선거에서는 민주당 장면 후보가

자유당 이기붕 후보를 따돌리고 부통령에 당선되었단다.

국민의 마음은 이미 경제 정책에 실패하고, 전쟁에서 국민을 버리고, 양민 학살을 묵인한 자유당과 이승만을 떠나고 있었던 거야.

물론 매스컴이 발달하지 않은 시대라 이승만이 저지른 수많은 잘못을 잘 모르는 사람도 많았지. 그런 탓에 이승만의 지지도는 많이 깎였지만 나름 경쟁력을 갖고 있었어. 또 민주 의식이 깨어나지 못하고 아직도 이승만을 왕처럼 여기는 사람이 적지 않았거든.

이승만은 화폐에 자기 얼굴을 새겨 넣었는데, 자기 얼굴이 화폐의 중앙에 있으면 반으로 접히니까 오른쪽으로 옮기게도 했지. 민주주의 국가에서 정치 지도자가 자기 얼굴을 화폐에 넣는다고 다들 어이없어 했어.

이승만은 국민이 자기를 왕처럼 여기길 바랐어. 그래서 자기가 이씨 조선 왕실의 후손이라는 점도 내세웠단다."

"진짜 조선 왕실의 후손이었어요?"

파래가 궁금한 얼굴로 묻자 은지가 핀잔을 주었다.

"왕실의 후손인지 아닌지가 뭐가 중요해. 민주 공화국을 세웠으면 국민이 주인이지. 세종 대왕이 다시 오셔도 대한민국이 세워진 이상 모두 평등한 거야. 왕실이 뭐 대수야?"

"누가 뭐래? 갑자기 조선 시대 왕이 나오니까 황당해서 그렇지."

"이승만의 아주아주 머나먼 선조가 세종대왕의 형인 양녕대군이긴 해. 그리고 이승만의 후계자인 이기붕은 효령대군의 후손인데. 그런 식으로 따지면 전주 이씨는 다 왕이겠지. 이승만은 민주주의 경험이 없고 왕이 다스리던 시대에서 벗어나지 못한 사람들의 마음을 이용하고자 했을 거야. 지금도 시골에 가면 할아버지나 할머니가 대통령을 나라님이라고 부르기도 하니 그때는

이승만을 진짜 왕으로 생각하는 사람도 있었겠지."

"아무튼 헌법에서는 대한민국을 민주 공화국이라고 했는데 이승만은 대한민국을 이승만 왕국으로 생각했다는 거네요?"

"설마 그렇게까지 생각했겠냐마는, 이승만이 했던 행동을 보면 그렇게 추측하는 것도 무리는 아니지. 이런 이승만에게 조봉암은 왕권에 도전하는 반역의 수괴였겠지? 그래서 이승만은 조봉암에게 북한과 내통해 나라를 뒤엎으려는 공산주의자라고 누명을 씌워 사형에 처했어."

"아…… 그놈의 공산주의자, 빨갱이 누명은 무슨 일만 생기면 써먹네요."

"옛말에 '전가의 보도' 라는 말이 있어. 대대로 집안에 전해오는 귀한 칼이라는 뜻인데, 어려운 일이 있을 때 이를 해결하는 수단이라는 의미로 쓰여. 그런데 요즘은 곤란한 일이 생길 때마다 거기서 벗어나기 위해 매번 상투적으로 쓰는 수단을 말하지.

우익 집단은 전가의 보도처럼 자신을 비판하는 상대방을 공산주의자 빨갱이로 몰아세우곤 했지. 그러면서 동시에 북한이 다시 남한을 공격한다며 위기의식을 불러일으켰어. 이것을 '반공 이데올로기' 라고 하는데 해방 직후 친일파가 자신의 친일 행적을 덮는 데 사용한 이래 현재까지도 계속 정치적 목적으로 사용하는 사람들이 있단다.

이승만 정권 아래 부정부패가 만연하고 미국의 원조에만 기대던 경제는 미국이 원조를 줄이자 휘청거렸어. 국민은 살기가 너무 어려웠지만 이승만 정권은 뾰족한 수가 없었어. 어차피 국민의 사정을 돌보기보다 사리사욕을 채우고, 자신을 비판하는 사람은 공산주의자로 몰아 제거하기에 급급했으니 기대할 것도 없었지.

시간이 흘러 1960년 대통령 선거가 치러졌어. 이번에는 국민들의 마음이

이승만 정권으로부터 완전히 떠났어. 국민들을 궁지에 몰아넣은 정권을 누가 또 지지하겠니? 야당이 선거에서 승리할 가능성이 아주 높았지. 자유당은 대통령 후보로 이승만, 부통령 후보로 이기붕을 내세웠고, 민주당은 대통령 후보로 조병옥, 부통령 후보로 장면을 내세웠어. 그런데 4년 전 대통령 선거처럼 똑같은 일이 벌어져. 민주당 대통령 후보였던 조병옥이 선거를 앞두고 갑자기 죽었어. 따라서 대통령 후보는 이승만 혼자였지. 투표도 하기 전에 대통령이 된 거야."

"어떻게 그런 일이……. 무슨 막장 드라마 같아요."

아이들이 혀를 찼다.

"이승만이 대통령으로 확정된 상태에서 이제 눈여겨볼 건 부통령이 누가 되느냐였어. 1960년에 이승만은 무려 86세였지. 당시 한국 남성 평균 수명이 고작 50세 정도인 걸 감안하면 꽤 장수한 거야. 그래서 대통령직에 있다가 세상을 떠날 수도 있었어. 당시 헌법에는 대통령이 죽으면 부통령이 대통령직을 잇도록 했어. 그러니 부통령 선거가 대통령 선거만큼이나 중요했던 거야.

정권이 바뀔 정도의 중요한 선거이니 그동안 밥 먹듯 부정 선거를 해 온 자유당이 가만있지 않았겠지? 1960년 대통령 선거에서 자유당이 벌인 부정행위는 그들이 이전에 저지른 것보다 엄청났어. 전 세계에서 치러진 선거 가운데 아마 최악의 부정 선거였을 거야. 어떤 방법이 쓰였는지 좀 볼까?

투표장에 가면 자유당에서는 당연하다는 듯 막걸리와 고무신에 돈까지 돌렸어. 그리고 여러 명이 한꺼번에 기표소에 들어가 도장을 찍게 했는데, 그 옆에는 깡패가 눈을 부라리고 있었어. 어디 무서워서 야당에게 도장을 찍을 수 있었겠니?

3부 부패한 독재정권을 국민의 힘으로 무너뜨리다

　그런데 정말 기가 막힌 일은 투표함에 미리 자유당 부통령 후보 이기붕에게 도장을 찍은 표를 넣어 둔 거야. 예를 들어 투표자가 1,000명인 투표소에서 이기붕 지지표가 1,500명이 나오는 경우도 있었어. 그러자 발표할 때는 서둘러 이기붕의 득표수를 낮추기도 했지."
　"쯧쯧, 선거가 아니라 초딩 장난이네요."
　"초딩도 이런 장난은 안 한다. 누가 이런 장난을 하는 애랑 어울리겠냐?"
　은지가 혀를 차자 파래가 고개를 절레절레 흔들었다.
　"일제의 총칼에도 만세를 불렀던 3·1 운동의 한국인들은 도대체 어디로 간 거야, 나라꼴이 엉망인데?"
　참다못한 시루가 주먹을 불끈 쥐었다.
　"그렇지, 우리 민족이 어떤 민족인데, 가만있지 않았겠지. 이승만 정권에 대한 국민의 실망과 분노는 극에 달했어. 그것을 잘 알고 있던 자유당은 선거일인 1960년 3월 15일 이전부터 갖가지 부정을 저지르기 시작했어.
　선거 운동이 한창이던 2월 28일 일요일, 대구에서 장면 후보가 유세를 펼치고 있었어. 그런데 이승만 정권은 학생들이 야당 후보의 연설을 듣지 못하게 하려고 말도 안 되는 구실을 들어 학교에 등교하게 했지. 대구의 학생들은 거세게 반발했어. 이것이 이승만 독재에 저항하는 대규모 시위의 시작이 되었단다.
　선거 당일인 3월 15일, 자유당이 드러내 놓고 부정 선거를 하자, 마산의 민주당 정치인과 학생, 시민이 선거 무효를 외치며 거리로 나왔어. 경찰은 최루탄과 총을 쏘아 댔고 수많은 사람이 죽거나 크게 다쳤지. 이날의 사건 소식이 전국으로 퍼져 나갔어. 이승만 정권은 어떻게 대응했을까?"
　"또 빨갱이들이 선동한다고 했겠죠. 전가의 보도!"

"맞아. 하지만 속아 주는 것도 한두 번이지. 국민들은 더 이상 이승만 정권의 거짓말에 속지 않았어. 그러던 4월 11일, 마산 앞바다에서 3월 15일 부정 선거 규탄 시위에 나갔다가 실종된 마산상고(현재 마산용마고등학교) 1학년 김주열 군의 시신이 눈에 최루탄이 박힌 참혹한 모습으로 떠올랐어.

이 모습에 마산 시민들의 분노는 극에 달했고 격렬한 시위가 벌어졌지. 시위의 불꽃은 전국으로 번져 나갔어. 서울에서는 대학생들이 시위를 시작했는데, 이승만 정권이 고용한 깡패들이 학생들을 습격했지.

1960년 4월 19일, 전국 방방곡곡에서 학생들과 시민들이 거리로 뛰쳐나왔어. 심지어 초등학생도 '우리들 부모 형제들에게 총부리를 겨누지 마라!' 라며 시위에 함께했지. 더 이상 이승만 정권을 용서할 수 없었던 거야. 수만 명

**경찰 발포에 항의하는 초등학생들**
4·19 혁명 당시 초등학생들도 나서서 우리들 부모 형제에게 총부리를 겨누지 말라며 시위에 참여했어.

으로 불어난 시위대는 지금의 청와대에 해당하는 경무대로 몰려갔어. 경찰은 시위대를 향해 총을 발사했고 수많은 사람이 피를 흘리며 쓰러졌어. 여기 자유의 투사 조형물을 보면 당시의 참혹하고 혼란스러운 상황이 느껴지지?"

빡쌤의 말에 아이들은 자유의 투사 조형물을 자세히 살펴보았다. 왠지 모를 답답함과 공포, 간절함 같은 것들이 무겁게 다가왔다.

"그럼 이제 다른 곳으로 가 보자."

잔디밭이 끝나는 지점 양쪽에 하얀 대리석으로 만든 남녀의 조각상이 서 있었다. 그 뒤로는 하얀 대리석에 사람들의 모습이 양각된 부조가 긴 벽을 이루며 서 있었다.

"이건 수호자상과 부조물이야. 민주주의와 자유를 향한 바람이 표현된 거야. 조금 전에 본 자유의 투사와 비교하면 어떤 느낌이 들지?"

아이들은 조각상과 부조물을 자세히 살펴보았다. 부조물은 긴 벽에 새겨져 있어서 한참을 봐야 했다.

"아까는 뭔가 암울하고 답답한 느낌이었다면 수호자상과 부조는 뭔가 희망과 의지 같은 것이 느껴져요."

은지가 대답하자 아이들도 고개를 끄덕였다.

"그래. 이제 국민들은 어두움에 억눌려 있지 않으려 했어. 어두움을 뚫고 민주주의라는 빛을 향해 떨쳐 일어났지. 비록 총칼이 두렵긴 했지만 민주주의에 대한 간절한 바람으로 그 두려움을 이길 수 있었어.

시위는 잦아들기는커녕 전국적으로 확대되었고 정부가 비상계엄령*을 선포하고 시위를 막으려 했어. 하지만 분노로 들끓어 오른 국민들을 억누르기는 이미 늦었지. 총알이

*비상계엄령
전쟁과 같이 국가가 평상시처럼 운영되지 못할 큰일이 벌어져 사회의 안녕과 질서를 유지하기 어려울 때 군대를 동원해 해결하려고 내리는 명령을 말해.

**계엄군의 탱크를 접수한 시위대**
4·19 혁명 당시 계엄군은 탱크로 시위대를 진압하려 했지만 오히려 시위대가 탱크를 접수한 모습이야.

빗발쳤지만 아무도 물러서지 않았어.
　해방의 기쁨을 느끼기도 전에 다시 득세한 친일파와 이를 토대로 정권을 잡고 미국에나 기댄 채 변변한 경제 정책 하나 내놓지 못하고 국민들에게 굶주림만 선사한 이승만, 일제 강점기에 이어 다시 부와 권세를 누리는 소수에게 베풀어진 온갖 특혜, 그리고 민주주의 국가에서 가장 중요한 국민의 권리인 투표권마저 부정 선거로 농락한 정권, 가슴 속 깊이 억눌려 있던 울분이 한꺼번에 터져 나왔단다."
　아이들은 일제 강점기 독립운동부터 지금까지 살펴본 일들이 떠올라 가슴이 울컥했다. 아이들은 민주주의 국가의 정부가 국민들에게 총을 겨누었다는

사실이 믿기지 않았다. 그것은 3·1 운동 당시 일본 경찰이 폭압에 반대하며 일어선 조선인 시위대를 향해 총을 쏘아댄 것보다 더 슬프고 화가 났다. 일제가 식민지 백성에게 한 짓을 자국 국민에게 똑같이 하다니. 마리는 슬픈 마음에 눈물까지 찔끔거렸다.

"너무해. 잘못된 것을 고치자는 사람들을 마구 죽이다니!"

"우리가 지금 누리는 민주주의는 공짜로 얻어진 게 아니야. 수많은 사람의 목숨으로 얻어 낸 거지. 그걸 절대 잊으면 안 돼. 자, 우리 민주주의 역사에서 가장 중요한 사건 중 하나인 4·19 혁명은 이렇게 국민의 피로 일어났어. 이날 시위로 100명 넘는 사람이 죽었고, 1,000명 이상이 크게 다쳤어. 너무 많은 사람이 피를 흘린 1960년 4월 19일 화요일을 사람들은 '피의 화요일'이라고 불렀단다.

저 커다란 구조물을

**4월 학생 혁명 기념탑**
4·19 민주 묘지 중앙에 위치해 있어. 4·19 혁명 당시 독재에 맞서 싸우다가 희생된 학생들을 기리는 기념탑이야.

보렴. 바로 4월 학생 혁명 기념탑이야. 아무런 두려움도 없이 우뚝 솟은 탑처럼 당시 사람들은 오직 민주주의를 되찾겠다는 의지 하나로 독재 정권과 맞섰단다."

아이들은 거대한 탑을 올려다보며 왠지 가슴이 울컥했다. 빡쌤의 말이 이어졌다.

"이승만 정권의 탄압에도 시위는 계속되었고 4월 25일에는 대학 교수들도 시위에 참여했어. 4월 26일에는 거리마다 시위대로 들끓었지. 이제 어느 누구도 시위대를 막아설 수 없었어. 그리고 이날 오전 이승만은 더 이상 버티지 못하고 대통령직에서 물러나겠다고 선언했어. 이승만이 물러나자 자유당도 함께 무너졌단다.

1960년 4월 19일 부패하고 무능한 독재 정권을 무너뜨리려고 국민들이 저항한 사건을 4·19 혁명이라고 부른단다. 그날 목숨을 다해 독재 정권과 맞선 사람들의 묘가 뒤에 있어. 자, 함께 가보자!"

빡쌤과 아이들은 혁명 기념탑을 옆으로 돌아 탑의 뒤쪽으로 갔다. 그곳에는 수많은 묘가 햇

**대학 교수 시위대의 행진**
1960년 4월 25일, 서울대학교 교수들이 시위를 하는 모습이야. 플래카드에는 '학생의 피에 보답하라!'고 쓰여 있지.

**망명길에 오르는 이승만**
4·19 혁명이 일어나자 이승만은 대통령직에서 물러나 미국 하와이로 망명했어.

빛 아래 누워 있었다. 빡쌤과 아이들은 묘지 하나하나에 새겨진 이름을 보며 묘역을 돌았다. 묘지 뒤로 이어진 길을 따라가자 커다란 한옥 건물 한 채가 모습을 드러냈다.

"자, 경건한 마음으로 안으로 들어가자. 이곳은 4·19 혁명 때 세상을 떠난 사람들의 영정을 모신 곳으로 유영봉안소라고 해."

빡쌤과 아이들은 마음을 가다듬고 유영봉안소 안으로 들어갔다. 그곳에는 수백 개의 흑백 인물 사진들이 벽면을 가득 채우고 있었다. 아이들은 그들이 누군지 이미 알고 있었다.

아이들은 빡쌤의 말이 없었는데도 영정들 앞에서 두 손을 모으고 눈을 감았다. 다시 눈을 뜨고 한 사람 한 사람의 얼굴을 보았다. 오래전 사람이 아니라 얼마 전에 만난 사람처럼 생생했다. 멀리 사는 사람이 아니라 동네에서 마

주치는 언니 오빠 같았다.

빡쌤과 아이들은 유영봉안소를 나와 다시 묘역을 지났다. 지금까지 걸어온 길을 되돌아왔다. 왼쪽의 산 방향으로 가니 혁명 기념관이 나왔다. 일행은 기념관에서 4·19 혁명과 관련된 사진 자료를 보았다.

기념관을 나와 조금 걸으니 돌로 된 탑이 또 나왔다.

"이것은 정의의 불꽃이라는 조형물이야. 내가 굳이 설명하지 않아도 무슨 의미를 갖는지 알겠지?"

"네."

"4·19 혁명은 학생과 시민이 스스로 일어나 독재 정권에 맞서 민주주의를 쟁취한 사건이었어. 민주주의를 억압함으로써 국민의 지지와 믿음을 저버린 정권은 살아남을 수 없으며 민주주의야말로 반드시 지켜 내야 하는 소중한 가치임을 보여 주었지.

4·19 혁명 정신은 그 뒤로 민주주의가 위기에 처할 때마다 다시 살아나서 대한민국의 민주주의를 지켜 냈어. 지금 우리가 누리는 민주주의의 밑거름이 바로 4·19 혁명의 정신이란다."

일행은 광장의 벤치에 나란히 앉았다. 아이들은 그동안 소풍으로 왔던 곳이 이렇게 큰 의미를 가지고 있다는 사실에 놀랐다. 우리의 민주주의 역사가 얼마나 위대한지 새삼 깨닫게 되었다.

3부 부패한 독재 정권을 국민의 힘으로 무너뜨리다

## 짧은 민주주의의 봄

빡쌤이 다시 말을 이었다.

"이승만 정권이 물러나고 국회는 헌법을 고쳐 한 사람에게 권력이 집중되는 대통령제를 의원 내각제로 바꿨어. 대통령은 나라를 대표하고 나라 살림은 국무총리가 하도록 한 거야. 1960년 7월 29일 총선거를 치른 결과 민주당이 압도적인 승리를 거두었어. 대통령에는 윤보선이, 국무총리에는 장면이 뽑혔어. 이때 정부 체제는 의원 내각제이니 정부를 운영하는 최고 책임자는 대통령이 아니라 국무총리였어. 즉, 장면 정부가 들어선 거야.

이승만 정권이 물러나자 대한민국에 비로소 민주주의가 싹트기 시작했어. 사회단체를 만들고 정치적 표현을 하는 것이 자유로워졌어. 도지사, 시장, 군수, 면장에 이르기까지 지방 행정을 담당하는 대표를 국민의 손으로 직접 뽑는 지방 자치제가 처음 실시되었지. 학교 내에 설치된 군사 조직이 사라지고 민주적인 학생회가 만들어졌어. 노동자의 권리를 지킬 노동조합도 만들어졌단다.

민주주의를 향한 길에서 가장 먼저 이루어져야 할 게 있었어. 그동안 3·15 부정 선거에 개입하고 부정하게 돈을 번 기업가들을 처벌해야 했고, 빨갱이로 몰려 억울하게 죽거나 고통을 당한 사람들의 누명을 벗겨 주어야 했지. 그런데 장면 정부는 국민의 기대치만큼 일을 처리하지 못했어.

하지만 국민들의 배고픔을 해결하기 위해 경제를 살리려고 노력했어. 국방비를 아껴 농경지를 정리하고, 도로나 댐을 건설하는 국토 개발 사업을 계획했지. 무엇보다 체계적인 경제 발전을 위해 '경제 개발 5개년 계획'을 세우기도 했어.

**장면 총리(왼쪽)와 윤보선 대통령**
이승만 정권이 물러나고 의원 내각제로 바뀐 뒤 국무총리에 장면, 대통령에 윤보선이 선출되면서 장면 정부가 들어섰어.

　민주화에 발맞춰 통일을 향한 움직임도 활발해졌어. 이제는 통일이야말로 해방 이후 강대국들과 이에 기대어 권력을 잡은 사람들이 만든 모든 문제를 해결할 수 있는 방법이었기 때문이야. 분단 상황을 민주주의를 억압할 도구로 이용해 온 이전 정권의 잘못을 바로잡는 방법이기도 했지. 정당과 사회단체는 '자주, 평화, 민주'라는 통일 원칙을 세우고 민족자주통일협의회를 조직했단다.

　대학생들은 '가자 북으로, 오라 남으로!'라는 구호를 내걸고 1961년 5월

판문점에서 남북 대표가 만나기로 했어. 바야흐로 민주주의와 통일의 싹이 움트기 시작한 거야.

그런데 5월 16일 새벽 한강 대교에서 불길한 총소리가 울려 퍼졌어."

빡쌤의 말에 아이들이 긴장했다. 수많은 희생으로 민주주의를 되찾았는데 느닷없이 총소리라니…….

# 밑줄 쫙! 은지의 한국사 노트

이승만을 지지하는 우파의 사주를 받은 조직 폭력배들이 □□ □□□이라는 이름으로 정권에 반대하는 사람이나 단체에 무자비한 폭력을 휘둘렀다.
- 정치깡패

일제 강점기 때부터 외국의 도움을 받는 걸로 모든 문제를 해결하려던 이승만 정권은 미국의 □□를 받는 게 거의 유일한 경제 정책이었다.
- 원조

국민들이 이승만의 독재에 맞서 찾으려 한 것은 □□□□였다.
- 민주주의

□□당은 이승만이 자신을 지지하는 정치인들을 모아 만든 정당이다.
- 자유

부정 선거에 맞서 시위를 벌이다가 최루탄에 맞아 죽임을 당한 마산상고 학생의 이름은 □□□이다.
- 김주열

1960년 봄, 이승만 정권의 독재와 부정 선거에 맞서 국민들이 들고일어난 일을 □·□□ 혁명이라고 한다.
- 4·19

빡쌤과 아이들은 서울 지하철 4호선을 타고 동대문역사문화공원역에서 내렸다. 대형 의류 쇼핑몰을 지나 청계천로를 걸었다. 청계천로를 따라 평화시장이 길게 이어져 있었다. 조금 걷다 보니 평화시장이라는 글자가 크게 붙어 있는 건물이 보였다. 그 앞으로 청계천을 가로지르는 작은 다리가 나왔다. 다리 한 가운데는 동상이 하나 서 있었다.

"쌤, 다리 가운데에 웬 동상이 있네요?"

"동상 아래 있는 명패를 한번 읽어 볼래?"

"전태일, 1948~1970. 이 사람의 이름이에요?"

"맞아. 아래 숫자는 1948년에 태어나 1970년에 세상을 떠났다는 거고."

"그럼…… 스물두 살에 세상을 떠났다는 건데 젊은 나이에 무슨 일이 있었기에…….

"오늘 수업 내용 가운데 이 사람의 이야기가 나올 거야. 저기 벤치에 앉아서 이야기를 들려줄게."

빡쌤과 아이들은 동상 뒤쪽에 있는 벤치에 나란히 앉았다.

마리가 조금 걱정스러운 표정으로 입을 열었다.

"쌤, 지난 시간에 총소리가 울려퍼졌다는 말을 듣고 일주일 내내 걱정했어요. 또 뭔가 좋지 않은 일이 생기지 않나 하고요."

아이들도 마리의 말에 고개를 끄덕거렸다.

"음!"

빡쌤은 전태일 동상의 뒷모습을 잠시 바라보다가 말을 이었다.

**전태일 동상**
노동자들을 위해 희생한 평화시장 재단사 전태일을 기념하는 동상이 청계천에 세워져 있어.

## 군사 정권의 등장

이승만 정권이 물러나자 대한민국에 비로소 민주주의의 싹이 트기 시작했어. 정치적 표현이 자유로워지고, 지방 행정을 담당하는 대표를 국민의 손으로 직접 뽑는 지방 자치제가 처음 실시되었지. 노동자의 이익을 대변할 노동조합이 만들어지는 등 온 나라가 새로운 나라를 만들 희망에 부풀었어.

그러던 1961년 5월 16일, 육군 소장 박정희는 권력을 잡기 위해 젊은 장교들과 함께 탱크를 앞세우고 쿠데타를 일으켰어. 박정희는 국민의 손으로 뽑힌 총리를 내쫓고 국회를 해산시켰지. 민주주의에 대한 열망은 군인들에 의해 무참히 짓밟혔단다.

박정희는 미국의 지지를 얻어내기 위해 반공을 내세웠고 이는 자신의 반대 세력을 탄압하고 민주주의를 억압하는 도구로 활용되었어.

그러나 박정희는 자신의 권력을 강화하는 노력뿐만 아니라 경제를 발전시켜 국민들의 굶주림을 해결하고자 했어. 이것은 무엇보다 시급하고 중요한 일이었지.

대한민국은 경제 발전과 민주주의의 진전이라는 두 가지 핵심 과제를 놓고 중요한 선택의 기로에 놓였어. 두 가지 모두를 동일한 가치로 두어야 할지, 아니면 어느 한 가지를 우선시하여야 할지 어느 누구도 쉽게 판단할 수 없었고, 그 결과 또한 예측하기 어려웠어.

그렇게 희망과 고통이 뒤섞인 시대가 시작된 거야.

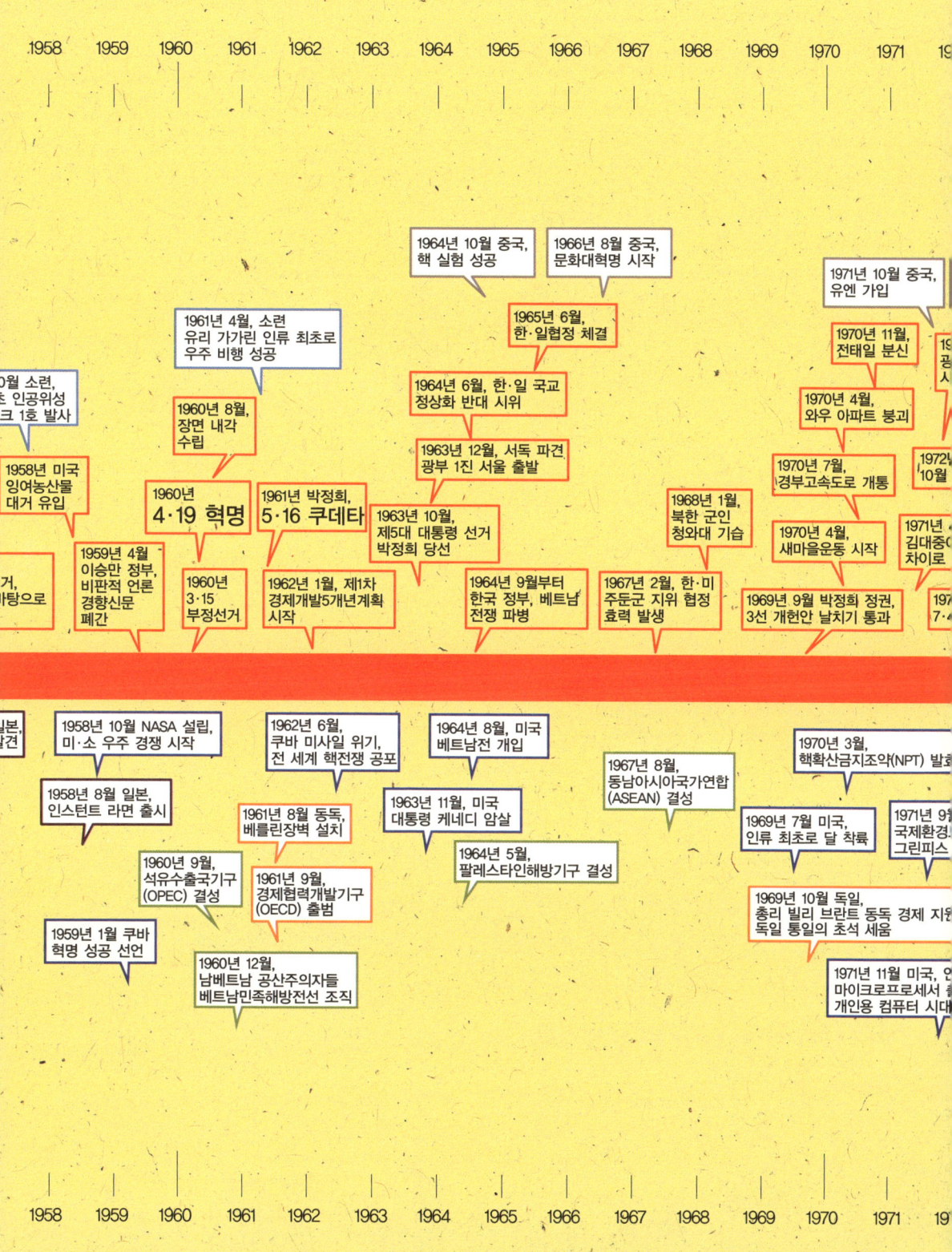

## 군인들, 쿠데타로 민주 정부를 무너뜨리다

"민주주의 회복과 통일에 대한 국민의 열망이 어느 때보다 뜨거웠던 1961년 5월 16일, 육군 소장 박정희는 젊은 장교들과 함께 탱크를 앞세우고 대한민국의 수도 서울로 들이닥쳤어. 정치권력을 잡기 위해 쿠데타를 일으킨 거야. 말로는 4·19 혁명 이후 사회 혼란을 가라앉히고 나라를 바로 세우기 위해서라고 했지만, 한 개인의 권력욕으로 벌인 일이라는 건 어린아이들도 다 알았지.

대한민국의 주인은 국민이고 모든 권력은 국민에게서 나와야 한다고 헌법에는 분명히 밝혀져 있지. 그런데 국민의 뜻과는 무관하게 무력으로 권력을 잡으려고 군사 정변을 일으킨 것은 임시 정부 이래 애써 지켜 온 민주주의 질서를 파괴하는 아주 나쁜 행동이었어. 그 이유가 무엇이었든지 말이야. 박정희와 그의 추종자들이 벌인 소동을 5·16 군사 정변*이라고 불러."

*군사 정변
군인들이 힘을 앞세워 부당한 방법으로 정권을 잡는 정치상의 큰 변동을 말해.

"박정희는 국민의 손에 뽑힌 장면 총리와 내각을 강제로 내쫓고, 국회도 해산시켜 버렸어. 모든 정당과 사회단체를 해산시키고 어떤 정치적 행동도 금지했지. 또 국민의 눈과 입이 되어야 할 신문도 강제로 폐간시켰어. 눈과 귀와 입을 모두 막을 속셈이었던 거야.

장관 등 정부 기관의 책임자와 도지사, 시장 등 지방 자치 단체의 요직에 모두 자신을 따르는 군인들로 앉혔어. 그리고 국가 재건 최고 회의라는 기구를 만들어 입법, 사법, 행정 삼권의 모든 일을 군인들이 처리하게 했어. 이 기구의 의장은 당연히 쿠데타의 주역인 박정희가 맡았지.

**5·16 군사 정변 당시의 박정희**
군인이었던 박정희는 4·19 혁명으로 나라가 혼란한 틈을 타 1961년 5월 16일 군사 정변을 일으켰어.

　국가 재건 최고 회의는 2년 뒤 혼란을 잠재우고 나라가 경제적·정치적으로 안정을 되찾고 나서 양심적인 정치인들에게 정권을 이양하고 군인 본연의 임무에 복귀하겠다고 약속했어.
　그러나 박정희가 쿠데타를 일으킨 진짜 목적은 정권을 잡는 것이었단다. 2년 뒤에 정권을 이양하겠다는 말은, 군인이 비합법적인 방법으로 정권을 빼앗은 데 대한 반발을 잠재우고 자기들의 정치적 기반을 마련할 시간을 벌기 위한 거짓말이었지.
　쿠데타를 일으킨 박정희는 몰래 공화당을 만들고 정치 자금을 모았어. 그를 따르는 군인들도 정치적 기반을 만들어 나갔어. 이와 함께 그들의 라이벌

인 야당 정치인과 사회단체 등의 정치 활동은 철저히 막아 놓았지. 다음 선거에서 힘을 쓰지 못하게 말이야.

박정희는 농가의 부채를 탕감해 줬어. 또 박정희 자신이 가난한 소작농의 자식임을 부각시켰지. 그런데 당시 국민 대부분이 농민이었잖아. 어떻게 됐겠어? 박정희의 인기가 쑥 올라갔겠지.

이렇게 합법적으로 정권을 잡을 준비를 착착 진행하면서, 마침내 정권 이양을 약속한 2년 뒤가 되었어. 1963년 10월에는 대통령 선거를, 11월에는 국회의원 선거를 치렀지. 박정희가 물러났냐고? 천만에. 박정희와 그의 추종자들은 군복을 벗고 대통령과 국회의원 후보로 나서서 당선되었어. 물론 공화당 후보로 당선된 사람 가운데 군인 출신이 아닌 일반인들도 있었지만 모두 박정희를 따르는 사람들이었지. 그해 12월 17일 박정희는 공화당이라는 박정희 정당을 행동 부대로 삼아 대통령이 되었어.

이제 국가 재건 최고 회의 대신 정상적인 입법부, 사법부, 행정부가 나랏일을 다시 맡게 되었지. 그러나 삼권의 모든 자리에는 박정희의 사람들로 채워졌어. 대한민국의 모든 권력 기관을 박정희 한 사람 아래 두게 된 거야. 여기서 그치지 않고 중앙정보부라는 정보기관을 만들어 모든 국민을 감시하고 위협하는 임무를 부여했단다.

쿠데타에 성공한 박정희는 북한과 평화 협상을 준비하던 2,000여 명의 통일 운동 세력을 모조리 잡아들였어. 민주주의와 평화 통일의 길을 열어 나가려던 모든 이에게 족쇄를 채운 거야. 그러면서 북한과 평화 통일을 운운하는 것이야말로 공산주의자들에게 나라를 넘기는 거라며 반공을 국시로 삼아 북한과 대결하겠다고 선언했어. 이제 민주주의나 통일을 이야기했다가는 공산주의자로 몰려 죽을 수도 있었지."

## 반공을 국시로 미국의 지지를 얻어내다

"박정희는 국민들의 굶주림을 우선 해결하겠다고 선언했어. 강제로 정권을 잡은 자신에게 따가운 시선을 보내는 국민으로부터 지지를 얻으려는 의도였지. 물론 단지 구호로만 그치는 건 아니었어.

사실 이승만이 국민의 지지를 잃은 이유는 부정 선거로 민주주의를 파괴한 것도 있지만, 변변한 경제 정책 하나 없이 국민들을 배고픔에 빠뜨린 무능함도 큰 원인이었어. 박정희도 경제 발전을 통해 국민 생활을 안정시키는 게 가장 시급하다는 사실을 분명히 알고 있었지.

박정희는 쿠데타를 일으킨 지 반 년 만에 일단 미국으로 건너갔어. 첫 번째 목적은 과거 남로당 인사로 활동한 전력 때문이었지."

"박정희가 공산주의자였다는 말씀이에요?"

"글쎄 박정희를 공산주의자로 딱 정의하기는 좀 어려워. 사실 그는 일제 강점기에 다카키 마사오라는 이름으로 만주에서 독립군을 때려잡는 관동군 장교였어. 교사였던 그는 일왕에게 충성을 맹세하는 혈서를 바치고 일본 군인이 되었지. 혈서까지 쓰면서 일본군이 된 것은 출세에 대한 강한 집착 때문이었어.

마찬가지로 남로당에 입당한 것도 출세의 길을 열어 보려는 의도라는 주장이 있어. 당시 남로당은 노동자와 농민으로부터 폭넓은 지지를 얻고 있었거든. 이런 관점에서 보면 박정희는 일본 군인이든 남로당 공산주의자든 개인적인 성공을 위해서라면 어떤 얼굴로도 변신이 가능한 인물이었는지도 몰라.

그런데 남로당 인사라는 전력은 남한에서 권력자가 되는 데 커다란 장애물이었어. 냉전 시대에 강력한 반공 정책을 펼치던 미국의 눈에 박정희의 사상

이 의심스러워 보였지. 세계 최강이자 남한에 군사적·경제적으로 막강한 영향력을 미치는 미국의 눈 밖에 났다가는 권력을 잡으려던 그의 꿈이 물거품이 될 수도 있는 상황이었어. 사실 이승만이 권좌에서 물러날 때도 미국이 더 이상 이승만을 지지하지 않았거든.

박정희는 미국에 자신이 철저한 반공주의자임을 확인시키고 공산주의의 확산을 저지하겠다고 약속했어. 이에 미국은 경제적·군사적 지원을 계속하겠다고 화답했지. 그러면서 박정희에게 일본과 관계를 개선하라고 했어. 미국은 일본과 한국이 함께 군사적으로 동맹해 소련과 중국에 맞서길 바랐던 거야.

박정희는 미국의 뜻에 적극 찬성했어. 미국의 지지를 얻기 위한 목적도 있었지만, 일본의 자본을 받아서 한국 경제를 살리는 데 쓰려고 했어. 당시 한국은 참혹한 전쟁의 후유증과 이승만 정권의 실패한 경제 정책으로 나라 살림이 최악이었거든. 국민들은 먹을 게 없어 나무껍질을 벗겨 먹으며 겨우 목숨을 부지하는 상황이었어."

# 밑줄 쫙! 은지의 한국사 노트

4·19 혁명 이후 민주화에 대한 희망으로 부풀던 1961년 5월 16일, 육군 소장 박정희는 젊은 장교들과 함께 탱크를 앞세우고 권력을 잡기 위해 □□□를 일으켰다.
정답:

□□□는 군인들이 힘을 앞세워 부당한 방법으로 정권을 잡는 행위로 군사 정변이라고도 부른다.
정답:

박정희는 국민의 손으로 뽑힌 총리와 내각, 그리고 □□를 해산시켰다. 또 국민의 눈과 입이 되어야 할 □□도 폐간시켰다.
정답: 국회, 신문

박정희는 국민들의 굶주림을 우선 해결하겠다고 선언했다. □□ 발전을 통해 국민 생활을 안정시키는 게 가장 시급한 문제라는 사실을 알고 있었기 때문이다.
정답:

박정희는 미국의 지지를 얻기 위해 자신이 철저한 반공주의자임을 확인시키고 소련을 중심으로 퍼져 나가는 □□□□를 저지하겠다고 미국에 약속했다. 이에 미국은 경제적·군사적 지원을 계속하겠다고 화답했다.
정답: 공산주의

박정희는 □□과 관계를 개선하라는 미국의 요구를 즉각 받아들였다. 이를 통해 미국은 □□과 한국이 힘을 합쳐 소련을 막기를 바랐고, 박정희는 □□의 자본을 받아서 한국 경제를 살리고자 했다.
정답: 일본, 일본, 일본

## 피땀과 바꾼 경제 발전

박정희 정권은 국민들의 경제적 고통을 해결하기 위해 국가 주도로 경제를 발전시키려 했어. 그 자본을 마련하기 위해 일본으로부터 한반도 식민 지배에 대한 배상을 받아냈지. 그러나 협정 체결 과정에서 일본의 사과도 받지 못했고 우리 민족이 당한 고통에 비해 금액도 터무니없이 적었어. 또 베트남 전쟁에 참전한 대가로 미국의 원조와 경제 협력, 그리고 국군의 목숨 값과 같은 참전 수당을 경제 발전의 자본으로 삼았단다.

이렇게 들여온 자본에 높은 교육 수준과 성실함을 갖춘 국민들의 힘을 더하면서 대한민국의 경제는 빠르게 발전했어.

그러나 경제를 발전시킨다는 명분으로 수많은 노동자들은 저임금과 장시간 노동을 강요했고, 농민들은 저곡가 정책으로 여전히 가난의 굴레에서 신음했지. 대다수 국민들의 희생으로 경제는 발전했지만 그로 인해 얻은 부는 소수에게 집중되었거든.

최소한의 인간적 대우를 요구하는 목소리는 반공이란 이름으로 탄압받았고, 민주주의는 고문과 감시로 질식당했어.

박정희는 권력 연장을 위해 헌법을 고치고 부정 선거를 저지르는 등 불법을 서슴지 않았지.

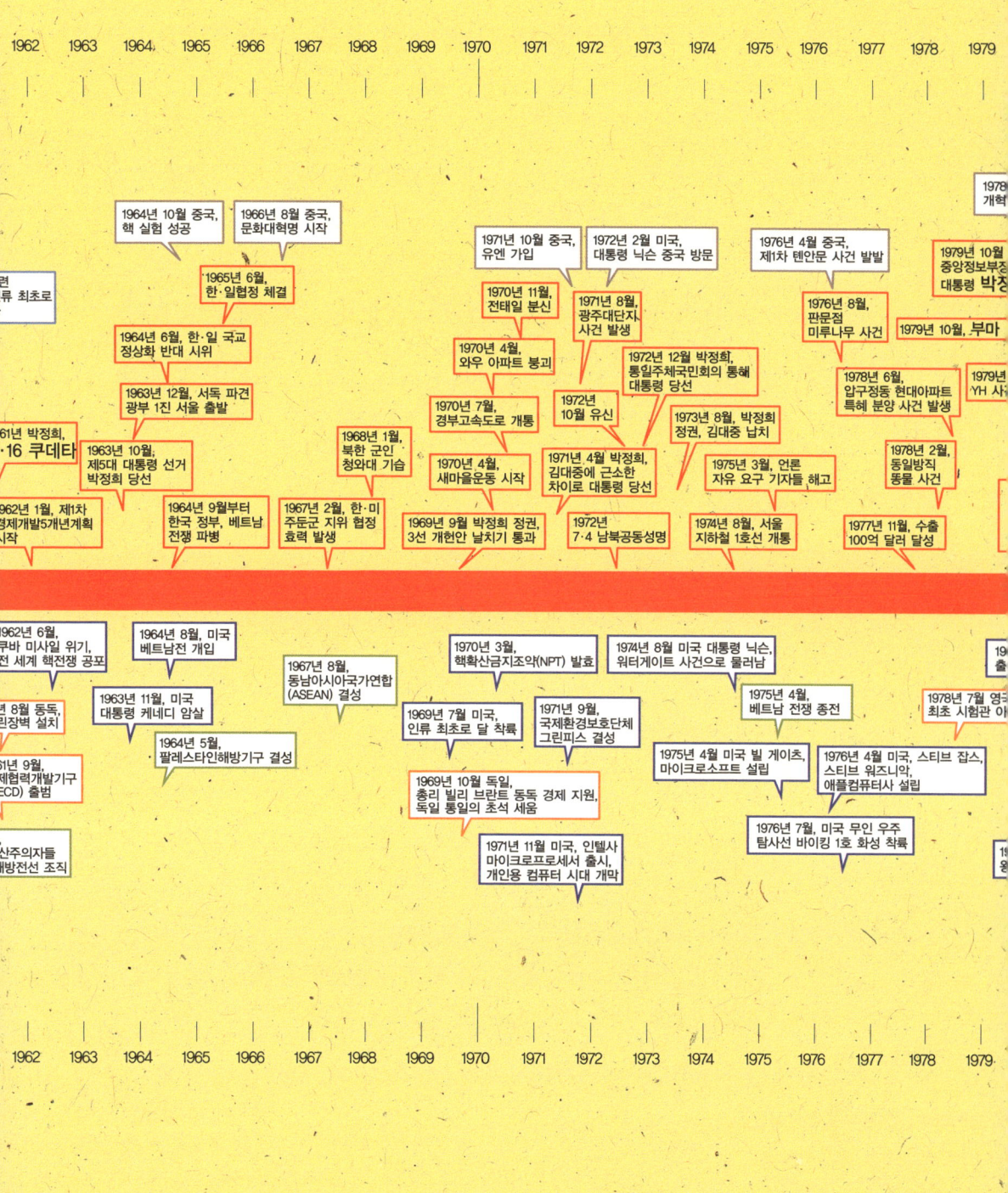

4부 산업화에 볼모가 된 민주주의

# 굴욕적 한·일 협정을 통해 경제 개발 자금을 마련하다

"박정희 정부는 경제 발전을 최우선 과제로 삼았어. 국민들이 가장 고통스러워하는 것을 해결해 보임으로써 불법으로 정권을 잡은 것이 결국 국민을 위한 것임을 증명하고 싶었던 거야. 그래야 계속 정권을 유지할 수도 있으니까.

그래서 국가가 주도해 경제를 발전시켜야겠다고 생각했어. 5년 단위로 목표를 정해 단계적으로 경제 발전을 이루겠다는 계획을 세워. 이것을 '경제 발전 5개년 계획'이라고 부르지.

그런데 경제적으로 발전하려면 밑천이 있어야 할 것 아니야? 돈이 있어야 공장을 지어 물건을 만들고, 도로나 다리도 놓아 물건을 전국으로 유통시킬 수 있을 테니까. 그렇게 생산과 유통과 소비가 톱니바퀴처럼 맞물려 돌아가면서 경제는 발전하거든.

그래서 박정희는 일본의 식민 지배로 우리가 당한 고통에 대한 배상을 해 달라며 일본과 협정을 맺으려 했어. 그런데 조건이 너무 굴욕적이었지. 일본은 과거에 자신들이 저지른 잘못에 대해 어떤 사과도 하지 않았어.

강제 노역으로 죽거나 고통당한 사람들에 대해서, 정신대라는 이름으로 끌려가 짐승처럼 짓밟힌 사람들에 대해서, 한반도와 만주 등에서 저지른 잔혹한 학살에 대해서, 그 어떤 것에도 한마디 사과가 없었어. 한·일 협정을 통해 돈 몇 푼 쥐어 줄 테니 모두 없던 것으로 하자는 식이었지.

문제는 이것만이 아니었어. 식민 지배에 대한 배상을 청구한 것이라면 피해 당사자들에게 배상금이 돌아가는 게 당연하지. 그런데 정작 일제에 의해

큰 상처를 받은 사람들에게는 땡전 한 푼 돌아가지 않았어. 정부가 경제를 발전시킨다는 미명하에 피해자들의 권리를 빼앗은 거야. 나중에 배우겠지만 이렇게 피해자들에게 돌아갈 돈은 경제 개발 과정에서 소수 부자들의 부를 축적하는 밑천이 되었지.

학생과 시민은 이토록 문제가 많은 한·일 협정을 강력하게 반대했어. 우리 민족의 피 값을 헐값에 넘길 수 없는 데다 아무 사과도 없는 협정은 받아들일 수 없다는 것이었지. 그러자 박정희 정부는 군대를 통해 시위를 폭력적으로 진압했어. 여당인 공화당은 야당이 불참한 국회에서 한·일 협정을 졸속으로 통과시켜 버렸단다.

이 협정으로 당장 경제 개발에 쓸 자금은 확보했지만, 일본에게는 져야 할 모든 책임을 피할 빌미가 되었어. 그래서 일본은 강제 징용 피해자나 종군 위

**한·일 협정 반대 시위**
학생들은 한국 정부가 굴욕적인 한·일 협정을 체결하는 것에 반대하며 시위를 벌였어.

안부 문제가 불거질 때마다 한·일 협정으로 해야 할 도리를 다했다고 뻔뻔하게 나오는 거야."

"당장 먹고사는 게 문제니 경제를 발전시킬 자금이 필요한 건 이해하겠는데 마음이 너무 답답하고 찜찜해요. 과연 그게 최선이었을까요?"

"원래 협상은 아쉬운 사람에게 불리한 거 아니야? 우리 입장에서 내놓을 카드가 없었잖아."

"일본에게 당한 기분이야. 좀 더 당당하게 사과를 요구하고 정당한 수준의 배상을 받았어야 하는데……."

아이들은 저마다 자기 생각을 이야기했지만 속상한 마음은 똑같았다.

"그래, 한·일 협정 문제뿐만 아니라 박정희 정권의 정책에 관한 평가도 크게 엇갈려. 박정희 정권이 베트남 전쟁에 우리 국군을 보낸 것도 서로 다른

**베트남으로 떠나는 국군**
박정희 정부는 미국으로부터 원조와 경제 협력을 받는다는 조건으로 국군을 베트남으로 보냈어.

평가를 받고 있지."

## 베트남에 국군을 보내 경제 개발 자금을 마련하다

"베트남은 우리처럼 식민 지배를 받다가 해방된 뒤에 분단되었어. 남쪽에는 자본주의, 북쪽에는 공산주의 정권이 들어섰어. 6·25 전쟁이 끝난 2년 뒤인 1955년, 냉전의 분위기 속에서 자본주의와 공산주의 두 진영의 대리전 양상으로 전쟁이 벌어졌지. 미국은 처음에 전쟁에 참가하지 않고 사태를 지켜보고만 있었어. 그러다가 공산주의 진영인 북베트남 쪽으로 전세가 유리해지자 참전을 결정했지.

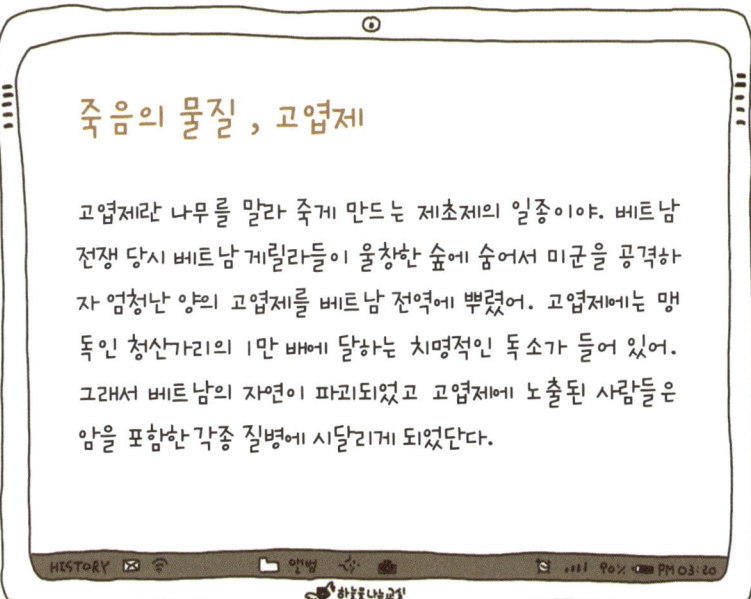

### 죽음의 물질, 고엽제

고엽제란 나무를 말라 죽게 만드는 제초제의 일종이야. 베트남 전쟁 당시 베트남 게릴라들이 울창한 숲에 숨어서 미군을 공격하자 엄청난 양의 고엽제를 베트남 전역에 뿌렸어. 고엽제에는 맹독인 청산가리의 1만 배에 달하는 치명적인 독소가 들어 있어. 그래서 베트남의 자연이 파괴되었고 고엽제에 노출된 사람들은 암을 포함한 각종 질병에 시달리게 되었단다.

미국은 한국도 전쟁에 참가하라고 요구했고, 박정희 정부는 원조와 경제 협력을 받는 조건으로 5만여 명의 국군을 베트남 전쟁에 투입했어. 미국은 참전한 우리 군인들에게 참전 수당을 지불했는데 군인들은 이 돈을 모두 한국으로 보냈어. 이렇게 전쟁터에서 10억 달러의 외화를 벌어들였지. 또 많은 기업이 베트남군이 사용할 물건을 공급하고 운송 사업과 건설 사업에 뛰어들어 외화를 벌어들였어.

이렇게 경제 개발에 큰 도움이 되었지만 전쟁터에서 5,000명에 달하는 국군이 죽고 1만 명이 넘는 국군이 부상을 당했지. 또 수많은 국군이 미군이 베트남전에서 뿌린 고엽제로 인한 후유증으로 지금도 고통받고 있단다.

그런데 베트남에 참전한 일부 군인들은 베트남 여성과의 사이에서 태어난 자기 자식들을 무책임하게 버리고 귀국했어. 이렇게 베트남에 남은 아이들은 아빠도 없이 적국의 자식이라고 손가락질 받으며 수많은 차별과 편견 속에 힘겹게 살아야 했지. 이들을 '라이따이한'이라고 부르는데 그 수가 1만 명 이상이나 되었단다.

또 남의 나라 전쟁에 가서 저지른 잔인한 행동으로 많은 베트남인이 고통을 받았고 한국에 대한 적개심을 품는 사람도 많았어. 물론 지금이야 경제적으로 협력하는 사이로 지난 앙금을 씻어내고 있지만, 한번 가슴에 남은 상처는 결코 아물지 않을 거야.

박정희 정부는 베트남 전쟁이 공산주의를 물리치고 자유 민주주의를 지켜내는 투쟁이라 강조하면서 반공 정책을 더욱 강력하게 밀어붙였어. 학생들에게는 '반공 교육'을 실시해 반공을 주제로 글짓기 대회, 표어 만들기 대회, 웅변대회 등을 열었고, 교실 앞뒤에는 반공과 관련된 그림과 문구로 가득 채우게 했지.

반공은 박정희 정권에 반대하는 사람들을 탄압하는 아주 쓸모 있는 칼날이 되었어. 모든 판단의 잣대를 반공에 두어 국민들이 자유롭고 이성적으로 판단할 수 있는 능력을 마비시켜 버렸어. 이렇게 정부가 하는 일에 다른 생각은 이야기할 수 없게 만들었단다.

한편, 한·일 협정과 베트남 참전을 통해 한국으로 들어온 외화를 바탕으로 한국 경제는 빠른 속도로 발전했지. 경제 발전은 국민의 지지를 이끌어냈어. 먹고사는 데 숨통이 트였고, 열심히 일하면 잘살 수 있다는 희망을 가질 수 있었던 거야. 그러나 희망에는 고통스러운 대가가 필요했단다."

## 장기 집권을 위해 3선 개헌을 하다

"경제 발전을 통한 지지를 바탕으로, 1967년 치러진 대통령 선거에서 박정희가 다시 당선되었어. 그런데 문제는 그다음에 치러진 국회의원 선거였어.

여당인 공화당은 이승만 때처럼 고무신과 막걸리를 돌리고 돈 봉투까지 돌리며 공화당을 지지하도록 했어. 이런 불법 선거 운동에는 선거 운동원뿐만 아니라 공무원까지 총동원되었지. 공화당은 국회의원 선거에서 이기고자 거의 모든 수단을 동원했어. 1971년에 있을 대통령 선거 때문이었어.

헌법에는 대통령을 두 번까지만 할 수 있게 되어 있었어. 따라서 박정희는 이번까지만 대통령을 할 수 있었지. 하지만 공화당은 박정희가 한 번 더 대통령을 할 수 있도록 헌법을 고치려 했어. 세 번 대통령을 할 수 있도록 헌법을 고친다고 해서 '3선 개헌'이라고 해. 공화당은 개헌에 필요한 국회의원 수를 확보하려고 기를 썼어. 결국 부정 선거를 통해 개헌에 필요한 국회의원 수를

**3선 개헌 반대 운동**
박정희가 대통령을 세 번 이어서 하려고 개헌을 시도하자 대학생들을 중심으로 3선 개헌 반대 운동이 일어났어.

확보했지."

"헐, 이승만과 같은 짓을 또 하다니!"

"그러자 대학생들을 중심으로 3선 개헌에 반대하는 시위가 일어났어. 야당 정치인과 박정희 정권에 비판적이었던 사람들도 개헌 반대 투쟁에 동참했지. 박정희 정권은 경찰을 총동원해 시위를 진압했어. 그리고 1969년 공화당은 개헌에 반대하는 사람들 몰래 3선 개헌안을 통과시켰단다."

"이건 말만 민주주의지 완전 대통령주의네요. 이럴 거면 왜 민주주의를 내걸었을까요? 그냥 왕이 다스리던 시대로 돌아가지……."

아이들은 이승만 정권 때처럼 똑같이 반복되는 부정과 독재에 실망감을 감추지 못했다.

"진정한 민주주의를 향한 길은 아주 멀고 험난한 거야. 부와 권력을 가지려는 자들이 호시탐탐 국민의 권리를 빼앗으려고 하니까. 그러나 민주주의에 대한 국민의 의식이 깨어나고 있으니 대놓고 왕 노릇을 하거나 독재를 저지르지는 못해. 하지만 어떤 구실로 자신의 권력이 정당하다고 둘러댈까 늘 머리를 굴리지. 국민을 설득하지 못하면 결국 목숨을 건 국민의 저항 때문에 자리에서 쫓겨날 테니까.

박정희가 대통령을 하는 것이 정당하다고 주장할 근거는 무엇보다 경제 발전이었어. 아무튼 박정희가 대통령이 되면서 굶주림에서 벗어나기 시작했고 해마다 경제 목표를 달성했으니까.

이와 함께 박정희의 장기 집권에 정당성을 부여한 것은 북한이야. 나라가 안정되지 못하면 북한의 침략을 받을 수 있다는 선전을 통해 위기감을 심어 줌으로써 국민들의 의식을 보수적으로 기울게 만들었어. 새로운 정권보다 현재 집권하고 있는 정권의 편을 들도록 한 거야.

박정희와 공화당이 3선 개헌을 추진하며 국민의 신뢰를 잃던 1968년, 마침 북한이 무장간첩 31명을 서울로 침투시켜 청와대 뒷산까지 진입했어. 청와대 경호대와 총격전이 벌어져 무장 간첩 중 1명을 빼고 모두 사살되었어. 이 와중에 민간인도 여러 명 목숨을 잃었지.

미국의 군함 푸에블로호가 동해에서 북한 해군에 납치되는 일도 벌어졌어. 북한이 미국에 대해 선전 포고를 한 것이나 마찬가지였지. 미국은 자신의 국민이나 군대에 위협이 가해지면 상대방을 가차 없이 공격하거든. 그래서 미군의 핵 항공모함 엔터프라이즈호가 북한의 원산항 근처로 출동했어. 당장 전쟁이 일어날 판이었어.

당시 미국은 베트남 전쟁을 치르는 중이어서 또 다른 전쟁을 벌이기는 부

담스러웠어. 그래서 납치된 선원들을 미국으로 송환하는 선에서 상황을 정리했지. 베트남 전쟁이 아니었다면 한반도 전체가 다시 전쟁터로 변할 뻔한 아찔한 상황이었어.

　사건은 이뿐만이 아니었단다. 그해 북한은 울진과 삼척으로 무장 공비 120명을 침투시켰어. 공비들은 국군에 의해 소탕되기 전까지 무려 두 달 동안이나 강원도 지역을 공포로 몰아넣었지. 무장 공비 가운데 7명이 생포되고 113명이 사살되었어. 이때 남한의 민간인도 많이 죽거나 다쳤고.

　당장 전쟁이 터질 것 같은 상황이 연이어 벌어지자 박정희는 '자신이 대통령직에서 물러나면 세상은 다시 혼란에 빠지고 북한이 전쟁을 일으킬 것이다. 겨우 먹고살 만해졌는데 다시 모든 것을 잃어버릴 수 있다.' 라며 대대적으로 선전했어. 이런 상황에서 국민들은 어떻게 했겠니?"

　"휴우, 박정희를 지지할 수밖에 없었겠죠. 전쟁과 굶주림이 얼마나 무섭고 고통스러운지 진저리 칠 정도로 느꼈을 테니까요."

　"이런저런 사건 사고 속에서 1971년 대통령 선거가 다가왔어. 이 선거에는 지난 선거에서 민주당 후보였던 윤보선 대신 40대의 젊은 후보가 나왔어. 바로 김대중이야. 100만여 명이나 되는 시민이 모인 장충단 공원 유세장에서 그는, '이번에도 박정희가 대통령이 되면 죽을 때까지 대통령직을 내려놓지 않는 종신 대통령이 되려 할 것입니다.' 라고 연설했어. 그러자 박정희는 '제가 당선되면 다음 선거에는 결코 후보로 나서지 않겠습니다.' 라며 호소했지.

　박정희는 이번에도 어마어마한 돈으로 사람들에게 막걸리와 고무신을 사주고, 돈 봉투도 뿌리며, 관광버스로 공짜 여행도 시켜 주었어. 그런데 이 돈이 모두 어디서 나왔는지 생각해 봐. 결국 국민들의 피와 땀으로 얻은 돈 아니었겠어?

아무튼 불법 선거 운동, 경제 발전이라는 성과, 그리고 북한의 위협으로 보수적인 쪽으로 기운 국민 정서 등이 합쳐졌지만, 박정희는 김대중에게 겨우 겨우 이겼어. 만약 선거 과정에서 엄청난 부정을 동원하지 않았다면 김대중이 이길 수도 있었을 거야. 이후 박정희는 김대중을 눈엣가시로 여기게 되었어. 정권을 오래 유지하려면 국민이 직접 대통령을 뽑는 선거 제도를 고쳐야겠다고 생각하게 되었지.

"왠지 불안해요. 이승만에 맞서 대통령 후보가 되었던 조봉암과 조병옥도 뭔가 석연치 않게 죽었잖아요. 자신의 정치적인 적을 가만히 두지는 않았을 것 같아요."

은지가 걱정스런 얼굴로 말했다.

"음, 그건 박정희 정권이 또 한 번 헌법을 마음대로 고친 일을 이야기할 때 나올 거야."

"또 헌법을 고친다고요? 무슨 헌법이 고물 컴퓨터도 아니고 맨날 고쳐요?"

독재자가 정권을 잡을 때마다 헌법을 고쳐 온 이야기를 여러 번 들은 아이들은 혀를 내둘렀다.

"그러게 말이다. 여하튼 이제 그사이 한국 경제에는 어떤 일이 일어났는지 알아보자꾸나."

## 한강의 기적

"1962년에 경제 개발 5개년 계획을 시작했다고 한 것 기억나니? 제1차 경제 개발 계획은 1962년부터 1966년까지이고, 제2차 경제 개발 계획은 1967

년부터 1971년까지야.

한·일 협정, 베트남 참전, 광부와 간호사 독일 파견 등을 통해 마련한 자금을 가지고 시작한 경제 개발 계획은 수출 산업을 키우는 쪽으로 진행했어. 국내에서는 경제 개발에 쏟아부을 정도로 큰 자본을 만들 시장이 없으니, 외국에서 돈을 벌어들여 경제를 발전시키겠다는 것이었지.

제1, 2차 경제 개발은 풍부한 노동력을 바탕으로 가발, 신발, 옷감, 합판 등을 만들어 미국과 일본으로 수출하는 경공업이 중심이었어. 경공업에서 '경(輕)'은 '가볍다'라는 뜻의 한자야. 일상생활에서 흔히 쓰는 물건을 만드는 공업을 경공업이라고 해. 경공업은 큰 자본이나 높은 기술력 없이도 노동력만 있으면 되니 농업 중심 산업에서 공업 중심 산업으로 발전하려는 개발도

**경부 고속 도로 개통**
서울과 부산 사이에 고속 도로가 개통되면서 우리나라 산업 발전의 동맥 역할을 했어.

**수출 100억 달러 달성**
1977년 우리나라는 수출 100억 달러를 달성했어. 당시 100억 달러는 어마어마한 액수였지. 전쟁으로 폐허가 된 나라에서 눈부신 경제 성장을 이루어 냈으니 말 그대로 '한강의 기적' 이었어.

상국이 많이 시작하는 분야이기도 하지.

　우리나라는 예전부터 공부하는 것을 귀하게 여기는 전통이 있었고, 교육을 통해서만 가난에서 벗어날 수 있다는 인식이 널리 퍼져 있었어. 전쟁 중에도 천막 교실에 모여 공부할 정도였으니까.

　이렇게 열심히 공부한 사람들이 산업 현장에서 업무에 대한 이해도 빠르고 새로운 기술도 쉽게 익혔어. 너무 어려운 시절이라 아주 적은 임금을 받고도 열심히 일했지. 덕분에 제1, 2차 경제 개발 기간에는 평균 10퍼센트에 이르는 성장률을 보일 정도로 경제가 급성장했어. 하지만 경공업만으로 경제를 더 높은 단계로 발전시키기에는 한계가 많았단다.

정부는 경공업이 아니라 중공업을 발전시켜야겠다고 생각했어. 여기서 '중(重)'은 '무겁다'라는 한자야. 석유, 화학, 철강, 조선, 자동차 공업과 같은 분야를 말해. 말만 들어도 뭔가 무거운 느낌이 들지? 중공업은 큰 자본과 높은 기술력이 필요한 분야지. 정부와 기업은 적극적으로 외국 돈을 끌어와 중공업에 투자했어. 물론 끌어들인 외국 자본을 높은 수준의 생산물로 만들 수 있었던 건 높은 교육 수준을 가진 노동자의 열정과 노력 덕분이었지.

중공업의 발달과 함께 서울과 부산 사이에 경부 고속 도로가 놓였고 이어 서울과 전라도를 잇는 호남 고속 도로, 서울과 강원도를 잇는 영동 고속 도로가 놓였어. 철도도 지역과 지역을 이으며 물건과 사람을 실어 나르는 동맥 역할을 했지.

우리의 기술도 급격히 발전해 1966년 흑백텔레비전 생산을 시작으로 1975년에는 최초의 국산 자동차 포니가 생산되어 국내의 도로를 달렸고 외국에도 수출되었어.

그리하여 1977년에는 수출 100억 달러를 달성했어. 전쟁으로 폐허가 된 나라가 짧은 기간에 이런 성과를 거둔 건 세계 역사상 전무후무한 일이었어. 외국인들은 전쟁 이후 독일이 경제적으로 다시 일어선 것을 '라인 강의 기적'이라고 부른 것에 견주어 한국의 경제 성장을 '한강의 기적'이라고 불렀지. 사실 이승만 정권 12년 동안 경제적으로 특별히 발전하지 못한 것에 비하면, 불과 10여 년 만에 그야말로 무에서 유를 창조한 거야. 기적이란 말이 전혀 무색하지 않았어."

## 경제 발전의 그늘

"빛나는 경제 발전 뒤에는 어두운 그늘도 드리워졌어. 우선 수출 중심으로 모든 산업이 돌아가자 우리 물건을 수입하는 나라에 문제가 생기면 당장 국내 경제가 휘청거렸지. 이 문제는 지금도 우리 경제가 가진 큰 문제점 중 하나야.

또 큰 규모의 공장이나 기계를 가진 몇몇 대기업에만 외국에서 들여온 돈을 낮은 이자를 빌려주어 키우다 보니 중소기업은 성장할 수 없었어. 고작 대기업의 하청 업체로만 살아남을 뿐이었지. 정부의 특혜를 받은 기업은 막강한 자금력을 바탕으로 이권이 달린 각종 분야로 손을 뻗어 엄청난 돈을 벌어들였어.

그러다 보니 기업들은 정부의 혜택을 받기 위해 정치인들에게 몰래 뒷돈을 가져다 바쳤어. 구린 돈으로 얽힌 기업가와 정치인은 서로 뒤를 봐주며 국민들에게 골고루 돌아가야 할 혜택을 개인 주머니로 가져갔지.

그런데 기업이 자본을 축적하는 단계에서 가장 문제가 된 것은 정부가 저임금 저곡가 정책을 유지한 거야. 저임금은 노동자들에게 임금을 적게 주는 것이고, 저곡가는 농부들이 거둔 농작물의 가격을 낮게 책정하는 걸 말해.

저곡가 때문에 농사를 지으며 먹고살기 힘들어진 농부들은 일거리를 찾아 도시로 몰려들었어. 일자리를 잡기가 어려우니 돈을 적게 주더라도 일을 해야 했지. 이렇게 노동자에게 임금은 적게 주고 일은 많이 시켜서 번 돈은 기업가의 자본을 축적하는 밑천이 되었어.

또 노동자들에게 형편없이 낮은 임금을 주고도 계속 부려먹으려면 기본적으로 먹고는 살 수 있도록 해야 해. 그러려면 쌀이나 보리 같은 농산물 가격

이 싸야겠지. 이렇게 저임금 정책과 저곡가 정책은 서로 맞물리며 인간이 버틸 최소한의 것만으로 최대한의 노동력을 뽑아낼 수 있는 조건이 만들어졌던 거야.

농산물 가격을 터무니없이 깎고 노동자에게 목숨만 유지할 정도로 임금을 적게 주면서 죽도록 일을 시켜 확보한 이윤으로 기업은 성장했어. 즉, 농민과 노동자의 피와 땀이 기업가의 돈이 되어 금고에 착착 쌓인 셈이지.

정치적으로나 경제적으로나 어느 쪽도 민주주의 사회라고 할 수 없는 시대였어. 굶주림에서 벗어나면서 희망이라는 단어를 가슴에 품었지만, 돈도 권력도 없는 사람들에게 빛은 딱 거기까지였단다."

## 억눌리고 소외된 사람들의 목소리

"1970년은 '수출의 날'을 만든 지 6년째 되는 해로 수출액이 10억 달러를 넘겼어. 정부 기관과 관공서, 기업체 등에서는 정부가 띄운 축제 분위기로 들떠 있었고 이렇게 겨울로 접어들고 있었지.

한편, 거리는 축제 분위기와는 다른 긴장된 분위기로 술렁거렸어. 가혹한 노동 시간과 저임금, 노동 환경에 견디다 못한 노동자들이 시위를 벌였지. 청계천 평화 시장에서도 옷 공장 노동자들이 시위를 벌이고 있었어.

그해 11월 13일, 한 청년이 손에는 근로 기준법 책을 들고 온몸에 휘발유를 끼얹은 채 나타났어. 그는 '노동자는 기계가 아니다!', '근로 기준법을 지켜라!'라고 외치며 몸에 불을 붙였어. 삽시간에 불길은 청년을 집어삼켰지. 평화 시장에서 옷 만드는 재단사로 일하던 스물두 살의 전태일이었어."

"우리 앞에 있는 저 동상의 주인공이 전태일이잖아요?"

"맞아, 그 전태일이야. 당시는 수출로 경제를 살리겠다는 정부 방침에 따라 노동자들은 낮은 임금을 받고 아주 나쁜 환경에서 오랜 시간 일을 해야 했어. 특히 옷을 만드는 공장은 옷감에서 나오는 먼지가 자욱하고 환기도 안 되는 비좁은 다락방이었어. 여기서 하루 평균 열네 시간을 일했고 밤을 꼬박 새워 일하는 경우도 잦았어. 더구나 한 달에 두 번밖에 쉬지 못했지.

당시 상황을 생생하게 보여 주는 노래가 있어. 〈사계〉라는 제목의 노래로 노래패 '노래를 찾는 사람들'이 불렀어. 가사를 음미하며 잘 들어보렴."

빡쌤은 노래 가사를 적은 종이를 탁자 위에 펼치고 태블릿에서 노래 한 곡을 틀었다.

빨간 꽃 노란 꽃 꽃밭 가득 피어도
하얀 나비 꽃 나비 담장 위에 날아도
따스한 봄바람이 불고 또 불어도
미싱은 잘도 도네 돌아가네

흰 구름 솜구름 탐스러운 애기 구름
짧은 샤쓰 짧은 치마 뜨거운 여름
소금 땀 비지 땀 흐르고 또 흘러도
미싱은 잘도 도네 돌아가네

저 하늘엔 별들이 밤새 빛나고

찬바람 소슬바람 산 너머 부는 바람
간밤에 편지 한 장 적어 실어 보내고
낙엽은 떨어지고 쌓이고 또 쌓여도
미싱은 잘도 도네 돌아가네

흰 눈이 온 세상에 소복소복 쌓이면
하얀 공장 하얀 불빛 새하얀 얼굴들
우리네 청춘이 저물고 저물도록
미싱은 잘도 도네 돌아가네

공장엔 작업등이 밤새 비추고
빨간 꽃 노란 꽃 꽃밭 가득 피어도
하얀 나비 꽃 나비 담장 위에 날아도
따스한 봄바람이 불고 또 불어도
미싱은 잘도 도네 돌아가네
미싱은 잘도 도네 돌아가네
미싱은 잘도 도네 돌아가네

  처음에는 경쾌한 박자에 발을 까딱까딱하던 아이들은 노래 가사를 보면서 얼굴이 어두워졌다. 마음이 여린 마리는 눈물까지 글썽거렸다.
  "전태일은 열여섯 살에 평화 시장에 와서 옷 만드는 공장에 보조 재단사로 취직했어. 우리가 보는 이 길이 바로 전태일이 일하던 그 자리야. 그는 힘겨운 생활에도 열심히 일해 재단사가 되었고 그 뒤로 다시 보조들이 들어왔어.

어린 후배들의 생활을 보면서 비로소 노동자들이 처한 현실이 뭔가 잘못되었다는 사실을 깨달았지.

사람이 견딜 수 있는 생활이 아니었거든. 그러던 중 노동자들에게 근로 시간, 임금, 휴일 등 여러 부분에서 최소한의 권리를 보장하는 근로 기준법이라는 법률이 있다는 걸 알게 되었지. 그는 어려운 법전을 밤새워 공부했어. 그리고 동료들에게 노동자로서 누려야 할 최소한의 권리를 되찾아야 한다는 사실을 알렸어. 세상에 노동자들이 처한 현실을 알리려 노력했지.

그러나 세상은 전태일의 말에 귀를 기울이지 않았어. 대통령에게 편지를 쓰는 등 할 수 있는 모든 방법을 동원했지만 그에게 돌아온 것은 해고 통지뿐이었어. 전태일은 결국 자신의 목숨을 바쳐서라도 노동자들의 고통스러운 현실을 알리기로 결정하고는 몸에 기름을 끼얹고 불을 붙였단다.

전태일의 죽음으로 경제 발전이라는 빛 뒤에 드리워진 어두운 노동자들의 삶이 세상 사람들에게 알려졌어. 노동자들도 자신의 권리를 알게 되었고 그 권리를 찾기 위해 나섰단다. 또 공장 노동자가 아닌 사람들도 노동자의 권리 찾기에 지지를 보내게 되었지."

아이들은 벤치에서 일어나 전태일 동상 앞으로 갔다.

"지금이라면 패션 디자이너였을 수도 있잖아요. 저희 사촌 언니도 이 근처에서 옷을 만드는 일을 하거든요."

마리가 가방에서 아끼는 꽃무늬 스카프를 꺼내 전태일 동상의 목에 둘러주었다. 마리는 자신의 꿈인 패션 디자이너의 모습을 전태일로부터 보았다.

노동자들이 고통으로부터 벗어나는 꿈이 이루어졌다면 전태일은 자기가 생각하는 아름다운 옷을 만들었을 것이다.

마리는 용기 있는 사람이 만든 아름다운 옷을 보지 못해 못내 아쉬웠다. 잘

못된 것에 맞서는 용기야말로 세상에서 가장 아름다운 일일지도 모른다고 마리는 생각했다.

# 밑줄 쫙! 은지의 한국사 노트

국가 주도로 경제를 발전시켜야겠다고 생각한 박정희는 5년 단위로 목표를 정해 단계적으로 경제 발전을 이루겠다는 계획을 세웠다. 이것을 □□ □□ □□□ □□이라고 부른다.
경제 개발 5개년 계획

박정희는 경제 개발에 필요한 자본을 마련하기 위해 일본의 식민 지배에 대한 배상을 해 달라며 일본과 협정을 맺었다. 이것을 □·□ □□이라고 한다.
한일 협정

박정희 정부는 미국으로부터 원조와 경제 협력을 받는 조건으로 30만여 명의 국군을 □□□ 전쟁에 투입했다.
베트남

박정희는 정권 연장을 위해 헌법에 정한 대통령 재임 회수를 늘리려 개헌을 했다. 이것을 □□ □□이라고 한다.
3선 개헌

우리나라처럼 전쟁으로 폐허가 된 나라가 짧은 기간에 눈부신 경제 성장을 이룬 예는 거의 없었다. 그래서 우리나라가 이룬 경제 발전을 □□□ □□이라고 부른다.
한강의 기적

평화 시장 재단사 □□□은 1970년 11월 13일, 가혹한 노동 시간과 저임금, 노동 환경에 저항하는 뜻을 국민들에게 알리려고 자신의 몸에 불을 붙이고 죽음을 맞았다.
전태일

## 독재 정권의 최후

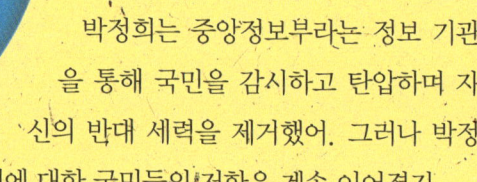

박정희는 중앙정보부라는 정보 기관을 통해 국민을 감시하고 탄압하며 자신의 반대 세력을 제거했어. 그러나 박정희에 대한 국민들의 저항은 계속 이어졌지.
박정희는 헌법을 고쳐 평생 대통령을 할 수 있게 만들었고, 직선제를 폐지하고 통일주체국민회의라는 친정부적 조직을 만들어 그들의 투표로 대통령을 뽑게 했단다.
모든 민주적 절차가 무시된 상황이 이어지자 국민들의 저항도 점점 거세졌어. 특히 부산과 마산에서 벌어진 시위는 이전과는 다르게 매우 격렬했지.
국민적 저항을 저지하는 방안을 놓고 대립하던 박정희의 심복들 중 김재규가 박정희를 총으로 쏘아 죽였어. 이로써 종신 대통령을 꿈꾸던 박정희의 독재는 끝을 맺었단다.

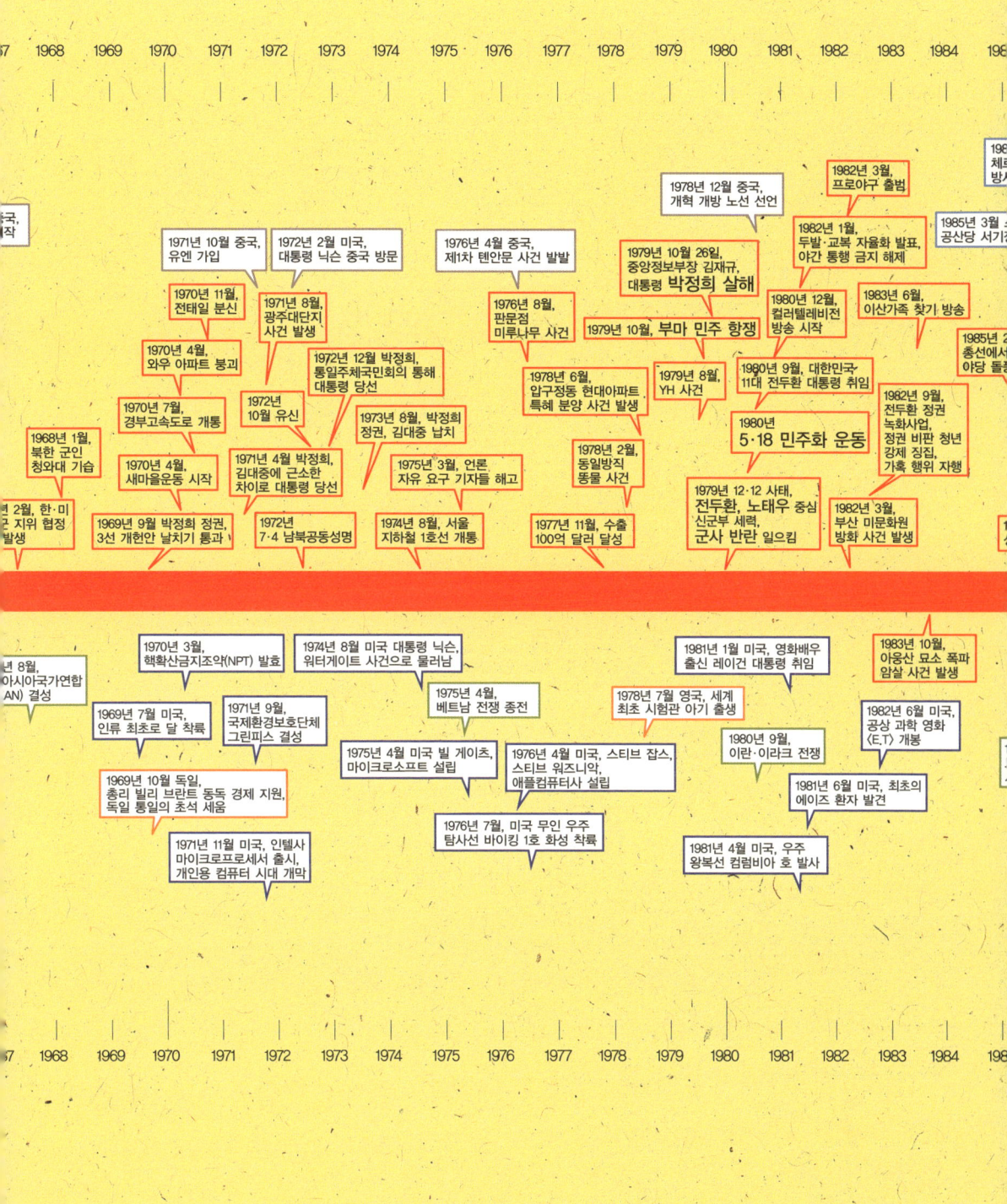

## 나는 죽을 때까지 대통령이 되겠다

"노동자뿐만 아니라 사회 곳곳에서 민주주의를 요구하는 목소리가 터져 나왔어. 경제 발전의 열매는 다수의 국민이 아니라 소수의 기업가와 정치인의 주머니로 들어갔어. 대부분의 사람들은 죽어라 일했지만 가난에서 벗어나지 못했지. 굶어 죽지 않게 된 것만 해도 큰 축복으로 알라는 식의 논리는 점점 힘을 잃어 갔어.

1971년 대통령 선거가 단적인 예야. 박정희는 온갖 호재와 부정 선거에도 민주당 김대중에게 간신히 이겼거든. 국민의 마음이 박정희를 떠나고 있음을 보여 준 거지.

이 무렵 세계에는 큰 변화가 일어나고 있었어. 그동안 유지되어 오던 냉전 체제가 완화되기 시작했어. 차가운 얼음이 점점 녹기 시작한 거야. 미국은 주한 미군을 줄여 자본주의와 공산주의 대립을 완화시키고자 했어.

이런 세계적인 분위기에 1972년 7월 4일 남한과 북한은 동시에 '자주, 평화, 민족 대단결'이란 통일 원칙을 발표해. 이것을 7·4 남북 공동 성명이라고 하지. 이 성명은 이후 남한과 북한이 어떤 방식으로 통일할 것인가에 대한 기본 원칙을 세운 아주 중요한 일이야. 그런데 공동 성명은 실천으로 옮기지는 못하고 선언에 그치고 말아. 오히려 남한과 북한의 독재 정권이 자신의 기반을 다지는 수단이 되었단다.

1971년 대통령으로 취임한 박정희는 1972년 10월 17일, 3개월 전 7·4 남북 공동 성명을 발표했듯이, 느닷없이 유신 체제라는 것을 선포하고 전국에 비상계엄령을 선포했어. 서울과 주요 도시에 전차와 총으로 무장한 군인들이 배치되었어."

"무슨 난리가 난 것도 아닌데 비상계엄령이라뇨?"

"이런 경우를 좀 어려운 말로 '친위 쿠데타'라고 해. 국가 지도자가 정변을 일으켜 정부에 비판적인 정당이나 단체 등을 파괴하고 자신이 모든 권력을 독점하기 위해 물리적 힘으로 체제를 전복하는 것을 말하지. 한마디로 대통령 박정희가 반대 세력을 모두 없애고 자신의 영구 집권을 위해 또 한 번 쿠데타를 일으킨 거야."

"아무리 총칼로 모든 것을 해결하는 일본군 장교 출신이라고는 하지만 민주주의 국가에서 이래선 안 되는 것 아니에요?"

"당연히 안 되지. 이건 국민을 완전히 무시하는 행동이야. 박정희도 자신의 행동에 잘못이 있다는 걸 알고 있었는지 이렇게 변명하지. '지금 세계가 큰 변화를 일으키고 평화 통일을 위해 나아가는 중대한 시점에, 아직도 국가가 제시하는 질서를 지키지 않고 능률적으로 일을 진행시키지 못하는 사람들이 많다. 이런 상황에서 경제 발전과 평화 통일을 이루려 한다면 큰 혼란이 올 것이다. 그러므로 비록 비정상적인 방법인 비상조치를 선포하지만, 역사적 사명을 완수하려 하니 계속 나를 믿고 따라 주길 바란다.' 이렇게 말이야.

즉, 유신 체제는 평화 통일이란 역사적 사명을 완수하기 위한 것이니 나라에서 시키는 대로 따르라는 거야."

"그럼 유신 체제에서는 정말 평화 통일을 위해 노력하나요?"

"천만에 말씀. 유신 체제는 박정희의 일인 독재를 영원히 유지하기 위한 체제일 뿐이야. 유신 체제를 만들기 위한 유신 헌법을 보면 금방 알 수 있지.

박정희는 비상계엄령을 선포하고 국회를 해산시켰어. 비상계엄령에 따라 정당과 사회단체의 모든 정치 활동이 중단되었어. 언론도 금지되고 대학에는 휴교령이 내려지지. 유신 헌법의 내용과 문제점을 비판할 만한 세력을 사전

에 모조리 없애 버린 거야. 이런 상태에서 유신 헌법에 대한 국민 투표가 이루어져. 결과는 유신 헌법 통과! 유신 헌법을 잘 모르는 국민들이 경제 발전과 평화 통일을 위한 것이라고 하니 덮어 놓고 찬성한 거야.

유신 헌법은 대통령의 임기를 4년에서 6년으로 늘리고 한 사람이 세 번까지 대통령을 할 수 있다는 제한도 없애 버렸어. 마음만 먹으면 죽을 때까지 대통령을 할 수 있다는 거야.

또 국민이 직접 대통령을 뽑는 직선제를 폐기하고 통일주체국민회의라는 조직을 만들어 거기서 투표로 대통령을 뽑는 식으로 선거제를 바꿨어. 통일이라는 단어가 들어가니 뭔가 통일을 준비하는 단체 이름 같지만, 사실 통일과는 아무런 상관 없이 전국에 있는 박정희 편 사람들이 모인 집단에 불과해.

**통일주체국민회의**
박정희는 자기 편 사람들로 구성된 통일주체국민회의에서 투표로 대통령에 당선되었어.

그도 그럴 것이 통일주체국민회의 대의원들을 보면, 각 지역에서 이름 좀 있는 사람들이거든. 이를테면 지역 유지, 새마을 부녀회장, 반공연맹(한국자유총연맹) 지부장, 전직 지방 관리, 농협 조합장 등 친정부적인 성향 사람들로 구성되어 있어. 압권은 통일주체국민회의의 의장이 대통령 자신이라는 거야. 대통령을 뽑는 선거인단의 우두머리가 대통령이라니. 개그 프로그램에서도 보기 어려운 상황 설정이지?

거기에 유신 헌법에는 대의원이 정당을 밝히는 것을 금지했는데, 그러면 각 지역에 있던 야당 인사들은 대의원 자격이 없는 셈이야. 이쯤 되면 통일주체국민회의에서 누굴 대통령으로 뽑을지 뻔하지.

1972년 12월, 유신 헌법에 따라 통일주체국민회의 대의원들이 장충체육관에 모여 대통령 선거를 치렀는데, 후보는 박정희 혼자였고 찬성률은 99.9퍼센트였어!"

"말도 안 돼요. 무슨 공산당도 아니고."

"어이없지만 실제로 있었던 일이야. 이렇게 당선된 박정희에게는 유신 헌법에 의한 막강한 권한이 주어졌어.

우선 국회를 마음대로 해산할 수 있게 되었고, 전체 국회 의원 가운데 3분의 1을 대통령이 임명할 수 있었어. 헌법을 만들고 고칠 입법부를 대통령이 사실상 지배하게 된 거야. 대법원장을 비롯해 모든 판사도 대통령이 마음대로 임명하고 파면할 수 있게 되었지. 이로써 국가 권력을 분산시켜 권력이 함부로 국민의 자유와 권리를 제한하지 못하게 하는 민주주의의 기본 원칙인 삼권(입법, 사법, 행정) 분립의 정신이 무너져 버린 거야.

유신 헌법에는 또 긴급조치권이란 조항이 있어. 긴급조치권은 대통령이 마음대로 국민의 기본권을 중단해도 된다는 권리야. 이것을 통해 박정희는 자

신에게 반대하는 개인이나 단체를 합법적으로 탄압할 수 있었지.

"어떻게 민주주의 국가의 대통령이 그런 짓을……."

아이들은 황당해서 입을 다물지 못했다.

"그동안 국민들이 힘겹게 지켜 온 민주주의를 완전히 무너뜨린 거야. 그렇다면 국민들이 가만있었겠니?"

"아니죠. 우리 국민이 누군데요! 3·1 운동을 벌여 일제에 맞서고, 4·19 혁명을 일으켜 이승만 독재 정권을 물리친 사람들인데!"

크게 실망해 풀이 죽어 있던 아이들은 지난 역사를 되돌아보며 힘을 냈다.

## 대한민국 국민들, 다시 독재 정권에 맞서다

"박정희 정권의 독재가 국민의 숨통을 조여 왔어. 민주주의는 이제 질식해 버릴 정도였지. 하지만 정권의 탄압에도 불구하고 대학생들은 시위를 벌이기 시작했어.

1971년 대통령 선거에서 박정희의 절대적 권위를 위협했던 김대중도 유신 반대 운동을 펼치기 시작했지. 그런데 김대중의 목숨을 위협하는 사건이 연이어 터졌어. 김대중은 일본으로 망명해 유신 반대 운동을 계속했지.

박정희 정권은 눈엣가시인 김대중을 납치해 손발을 묶고 몸에 바위를 달아 바다에 빠뜨려 죽이려 했어. 그런데 이때 미국 정보기관이 이 사실을 알아채고는 김대중이 이렇게 죽을 경우 생길 사회적 혼란을 우려해 한국 중앙정보부에 경고했지. 비밀리에 김대중을 제거하려던 정부는 자신들의 음모가 들통 나자 국제적 비난을 피하려 김대중을 닷새가 지난 시점에 풀어줬어. 이 사건

으로 세계는 박정희 정권의 추악한 인권 탄압을 알게 되었단다.

한편 1973년 12월, 지식인들은 장준하를 중심으로 유신 헌법 개정을 위한 100만 인 서명 운동을 벌였어. 장준하는 일제 강점기 한국광복군으로 독립 운동을 하고 해방 이후에는 정치가이자 언론인으로 활동한 사람이야. 서슬이 퍼런 독재 정권이었지만 유신 헌법을 반대하는 국민의 분노는 뜨거웠어. 서명 운동을 시작한 지 열흘 만에 30여 만 명이 동참했지.

그런데 서명 운동을 주도한 장준하가 등산을 하다가 벼랑에서 떨어져 죽는 사건이 벌어져. 장준하의 시신에는 떨어져 죽었다기보다는 누군가 뒤통수를 단단한 물건으로 때린 듯한 상처가 남아 있었어. 그래서 사고로 죽은 게 아니라 살해당한 것이 아닌가 하는 의문이 생겼지. 장준하의 죽음에 관해서는 아직도 진실이 밝혀지지 않고 있어."

"독립군이 독립된 세상에서 죽다니, 그것도 일본군 장교가 다스리는 시대에 말이에요. 뭔가 뒤죽박죽된 느낌이에요."

은지가 머리를 움켜쥐고 괴로워했다. 빡쌤은 그런 은지의 어깨를 토닥이며 말을 이었다.

"국민적 저항의 목소리가 높아지자 박정희 정권은 언론의 입을 막으려고 해. 국민이 독재 정권과 그것을 반대하는 사람들이 있다는 사실을 알지 못하게 하려고. 그래서 언론사에 압력을 넣어 정권에 반대하는 사람들에 대한 기사를 싣던 기자들을 모조리 해고하게 했어.

여기서 그치지 않고 박정희 정권에 저항하는 학생들을 인민혁명당이라는 간첩단으로 몰아 사형을 선고하고 선고가 끝난 지 채 하루도 되지 않은 18시간 만에 사형시켜 버렸지. 이건 전쟁 중에도 있을 수 없는 일로 세계의 언론인들과 법학자들은 박정희 정권의 만행을 비판했어. 무엇보다 문제는 중앙정

보부가 학생들을 조사하며 물고문과 전기 고문 등을 자행한 거야. 따라서 학생들의 자백은 강압에 의한 것이었고 30여 년이 지난 다음에야 법원은 학생들에게 무죄를 선고했어. 안타까운 건 학생들은 이미 목숨을 잃은 지 오랜 시간이 지났다는 거야.

이렇듯 박정희는 국민의 저항을 폭력으로 탄압했어. 누구라도 정권을 비판했다가는 당장 끌려가 모진 고초를 당해야 했지. 일제 강점기보다 더하면 더했지 덜하지는 않았단다."

## 타는 목마름으로, 민주주의여 만세!

"경제는 꾸준히 성장했지만 성장률은 크게 낮아졌어. 중동에서 기름값을 올리자 경제는 크게 흔들렸지. 경제 문제는 기름값 인상에만 있지 않아. 중공업 중심으로 산업 구조를 바꾸고 외국 돈을 끌어다 공장을 세우고 기계를 들여 물건을 만들었는데 이게 안 팔리는 거야. 물건을 팔 시장의 규모나 팔아서 수익을 얼마나 올릴지 제대로 검토하지 못하고 투자했기 때문이야. 기업에 이어 은행마저 휘청거리고 외국 빚은 감당하지 못할 수준으로 늘어났지. 박정희 정권의 경제 정책은 국가가 주도한 거야. 그러니 경제 위기의 책임은 정권에게 있었지.

그러나 위기의 대가를 치른 건 국민들이었어. 국민들은 기업들에 비해 훨씬 높은 요금률을 부담하고 있었어. 이런 상황에서 정부는 일반 국민들의 전기 요금을 35퍼센트나 올려 버렸지. 기업이 감당해야 할 부분을 국민들에게 전가한 거야.

물가도 22퍼센트나 올랐어. 물가가 오르면 돈의 가치는 떨어지지. 예를 들어, 이전에는 1,000원으로 사탕 열 개를 살 수 있었는데 지금은 1,000원으로 사탕 여덟 개밖에 살 수 없다면 1,000원의 가치는 그만큼 떨어진 거야.

즉, 물가가 오르면 은행에 돈을 저금해 놓은 국민들은 돈 가치가 떨어지고 그만큼 손해를 보는 거지. 그런데 빚을 진 기업 입장에서는 어떨까? 지금의 100만 원이 돈을 빌렸을 때의 100만 원보다 가치가 떨어지니 상대적으로 덜 갚아도 되는 거야. 국민의 쥐꼬리만 한 통장의 현금 가치를 떨어뜨림으로써 일반 국민들은 손해를 보고 빚을 진 기업들은 이익을 보는 거지.

정부가 기업 편을 든 건 이뿐만이 아니야. 경제가 어려워지자 큰돈을 번 기업이 돈을 빼돌리고 공장을 닫아 버리는 일이 빈번했어. 노동자들은 노동조

### 오일 쇼크와 중동 파견

노동력은 충분하지만 자원은 풍부하지 않은 우리나라는 외국에서 재료를 수입해 물건을 만든 다음 다시 외국으로 수출하는 경제 구조를 갖고 있어. 그러다 보니 수입하는 재료의 가격 변화에 민감할 수밖에 없어. 수입 재료의 가격이 오르면 큰 손해를 볼 수 있는 거지. 1973년 중동 국가들이 석유 값을 크게 올렸어. 그러자 우리나라의 경제는 휘청거렸어.

그런데 우리나라는 이 위기 상황을 오히려 기회로 삼았어. 석유 값을 올려 큰돈을 번 중동 국가들이 그 돈을 건설에 투자하자 건설 사업에 우리 기업들이 뛰어든 거야. 우리 노동자들은 눈을 뜨기도 어려운 사막의 모래바람 속에서도 열심히 일했단다. 이를 통해 우리 경제는 다시 활력을 얻은 거야.

합을 만들어 이에 대항했어. 기업들은 수출로 경제를 살리겠다는 정부 정책을 내세우며 노동자들을 짐승처럼 부렸지. 그러고는 기껏 번 돈은 빼돌리고 노동자의 밀린 임금은 물론 일할 터전까지 빼앗는 게 말이 되니? 그런데 노동자들이 기업가의 부당한 폐업을 막으려 하면 정부가 나서서 노동자들을 탄압했지.

그러던 1979년 8월 9일, 가발 제조업체인 YH 무역이 부당하게 폐업을 단행했어. 이에 172명의 여성 노동자들은 서울 마포 신민당 당사에서 농성을 시작해. 그러자 경찰이 들이닥쳐 여성 노동자는 물론 야당 국회의원과 기자에게까지 폭력을 휘둘렀어. 이때 21세의 젊은 여성 노동자 김경숙이 목숨을 잃고 말아. 이에 항의하던 신민당 총재 김영삼의 의원직을 박탈하고 국회에서 제명하기에 이르렀지.

그러자 제명당한 신민당 총재 김영삼의 정치적 고향인 부산 사람들이 들고 일어났어. 1979년 10월 16일 부산대학교 학생들은 박정희 정권의 탄압에 반대하며 대규모 시위를 시작했단다. 이에 부산 시민들도 시위대에 동참했지. 시위는 점점 확대되어 노동자, 상인, 회사원, 식당 종업원, 고등학생까지 나섰어.

오랜 세월 억눌려 있던 분노는 걷잡을 수 없이 터져 나왔어. 시민들의 손에 파출소, 공화당사, 동사무소가 파괴되었고, 정권의 앵무새 노릇을 하던 KBS 부산 방송국 건물도 부서졌어. 시위는 점점 격렬해져서 경찰차가 불타기도 했어. 결국 부산 옆 도시인 마산으로 시위가 번졌 나갔어. 이처럼 1979년 10월 부산과 마산에서 박정희 정권의 독재에 맞서 일어난 국민들의 저항을 부·마 항쟁이라고 불러.

박정희 정권은 비상계엄령을 선포하고 공수 부대를 보내 시위를 진압하려

했어. 그러나 한번 불붙은 국민들의 저항을 막기는 쉽지 않았어.

  이렇게 국민적 저항이 확대되던 1979년 10월 26일, 서울의 비밀 아지트에서 박정희와 그의 측근들이 술자리를 갖고 있었어. 측근들은 부·마 항쟁의 처리에 대해 서로 입장이 달랐지. 중앙정보부장 김재규는 진압이 아니라 근본적인 대책이 필요하다고 말했어. 그러나 박정희와 그의 총애를 받던 경호실장 차지철은 더욱 강력하게 진압해야 한다고 주장했지.

  언쟁 중 갑자기 김재규가 차지철과 박정희를 총으로 쏘아 죽였어. 이 사건을 10·26 사태라고 해. 이로써 18년 동안의 박정희 독재 정권 시대는 막을 내리게 돼."

  빡쌤과 아이들은 청계천으로 내려가 물길을 따라 천천히 걸었다. 흐르는 물결에 초록색 버드나무 가지가 바람에 흔들렸다.

  가을이 깊어 가던 그날 나무는 울긋불긋 물들었을 것이다. 거리를 오가는 사람들은 그중 곱게 물든 나뭇잎을 따 책갈피로 삼았을 것이다. 하늘은 미세먼지가 가득한 지금과

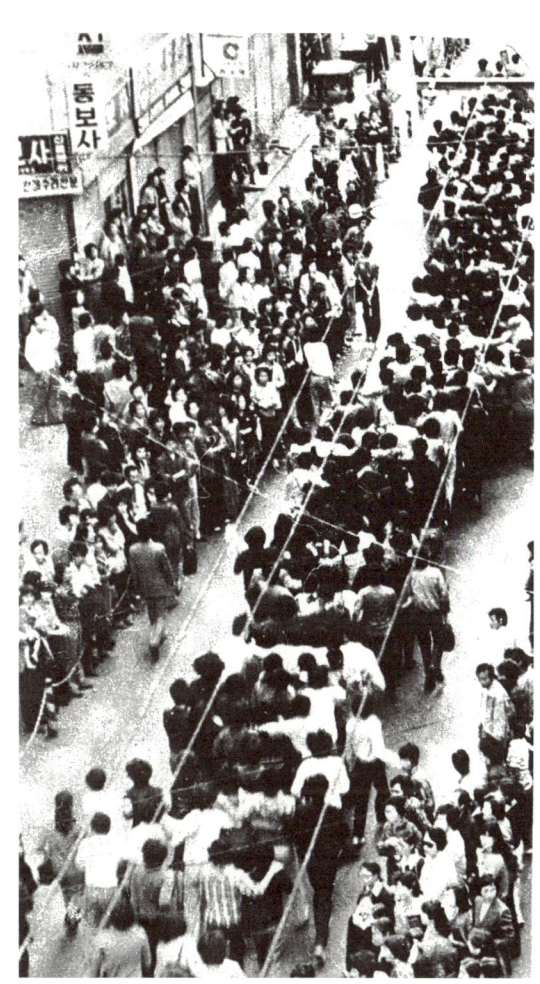

**부·마 항쟁**
1979년 10월 부·마 민주 항쟁 당시 시민과 학생 시위대 행렬이 부산 시내 중심가까지 진출했어.

달리 푸르고 바람도 상쾌했을 것이다.

아이들은 전태일이 노동법 법전과 휘발유를 손에 들었던 그날, 나무와 하늘과 바쁘게 오가는 사람들의 발걸음을 생각해 보았다.

사람들을 행복하게 해 주는 건 지금 아이들이 걷고 있는 복원된 청계천이 아니다. 숨이 막히는 먼지투성이 다락 작업장이 아닌 상쾌한 바람이 부는 거리, 늦잠을 자고 일어나 먹는 늦은 아침 겸 점심, 느긋하게 누워 친구와 전화로 나누는 수다 삼매경이 아닐까.

겨울로 접어드는 그해 그날 그 시간. 아이들은 엄청난 돈을 들여 복원한 청계천이 과연 전태일의 그 하루만큼 의미가 있을까 하는 생각이 들었다.

# 밑줄 쫙! 은지의 한국사 노트

자본주의와 공산주의 대립이 완화되는 세계적인 분위기에서 1972년 7월 4일 남한과 북한은 동시에 '자주, 평화, 민족 대단결'이란 통일 원칙을 발표했다. 이것을 □□ □□□□ □□이라고 한다.

정답: 7·4 남북 공동 성명

박정희는 □□ □□을 통해 대통령 임기를 무제한으로 늘렸다.

정답: 유신 헌법

박정희는 국민이 직접 대통령을 뽑는 □□□를 폐지하고 □□□□□□□□라는 조직을 만들어 거기서 투표로 대통령을 뽑는 식으로 선거제를 바꿨다.

정답: 직선제, 통일주체국민회의

박정희 정권은 정치적 라이벌인 □□□을 납치해 손발을 묶고 몸에 바위를 달아 바다에 빠뜨려 죽이려 했다.

정답: 김대중

1979년 10월 부산과 마산에서 박정희 정권의 독재에 맞서 일어난 국민들의 저항을 □□ □□이라고 부른다.

정답: 부·마 항쟁

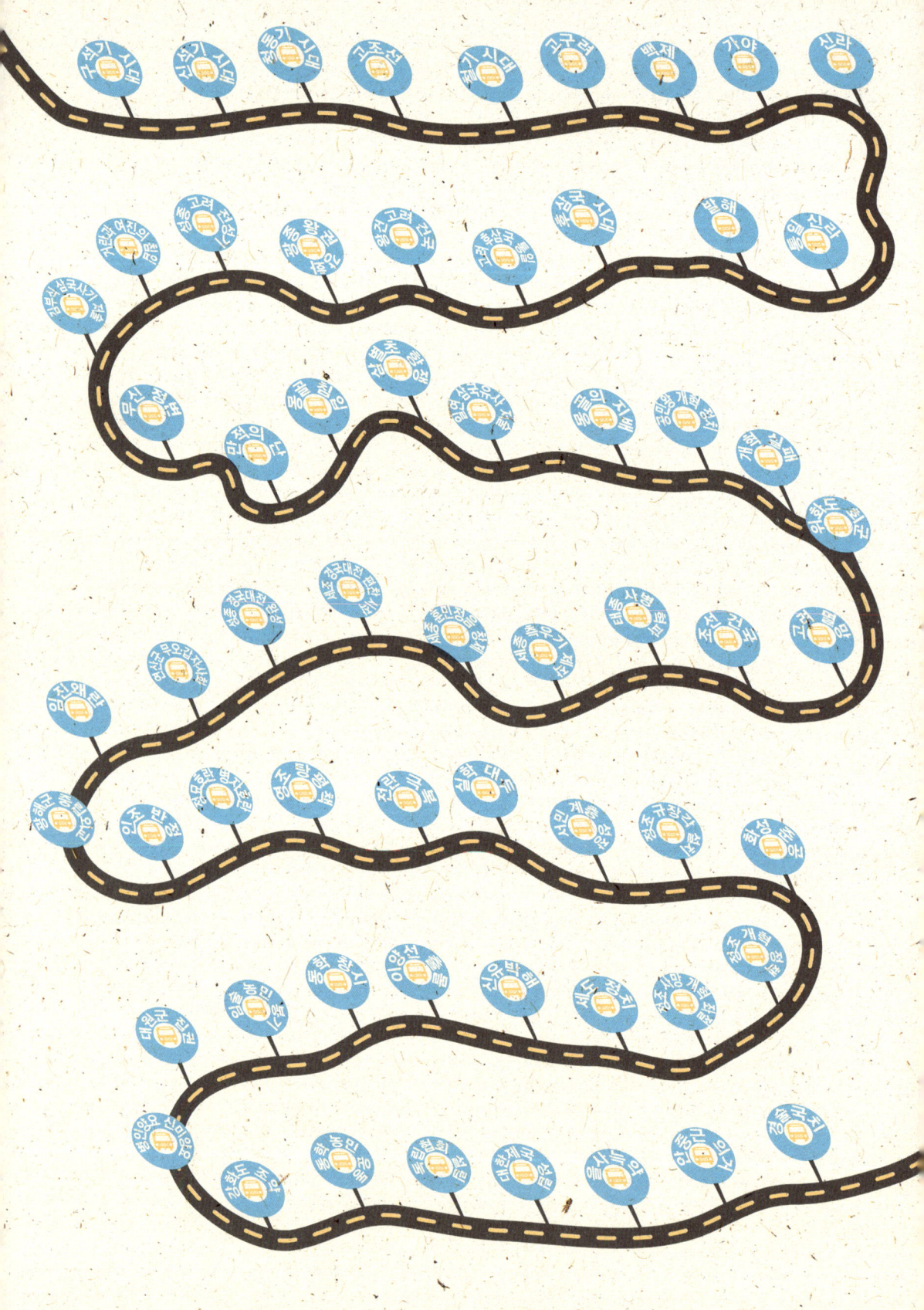

# 민주화를 향한 열망과 좌절

1979년 박정희 독재 정권이 무너지자 국민들은 이제 다시 민주화의 봄이 올 것이라는 기대에 한껏 부풀었어. 그러나 전두환과 노태우 등 신군부 세력이 쿠데타를 일으켜 정권을 장악했지. 이에 대학생들은 신군부 퇴진, 계엄령 해제, 유신 헌법 폐지, 대통령 직선제 시행 등을 외치며 시위를 벌였단다.

쿠데타 세력에 대한 국민적 반감이 커져 가자 신군부는 전국에 계엄령을 확대하고 자신들에게 반대하는 사람들을 잡아들였어. 무자비한 탄압에 민주화를 요구하던 국민들은 움츠러들었지만 광주 시민들은 그렇지 않았어. 전두환 등은 광주를 잔인하게 총칼로 진압했지. 이 과정에서 많은 사람들이 죽거나 다쳤단다.

국민들의 민주화 요구를 폭력으로 억누른 전두환은 이듬해 헌법을 고치고 자신의 추종자로 구성된 선거인단을 꾸려 간접 선거를 통해 대통령이 되었어. 전두환 정권은 언론을 통제하고 국민들의 민주화 요구를 정보기관과 경찰 등을 통해 탄압했지. 민주주의는 다시 군화에 짓밟힌 거야.

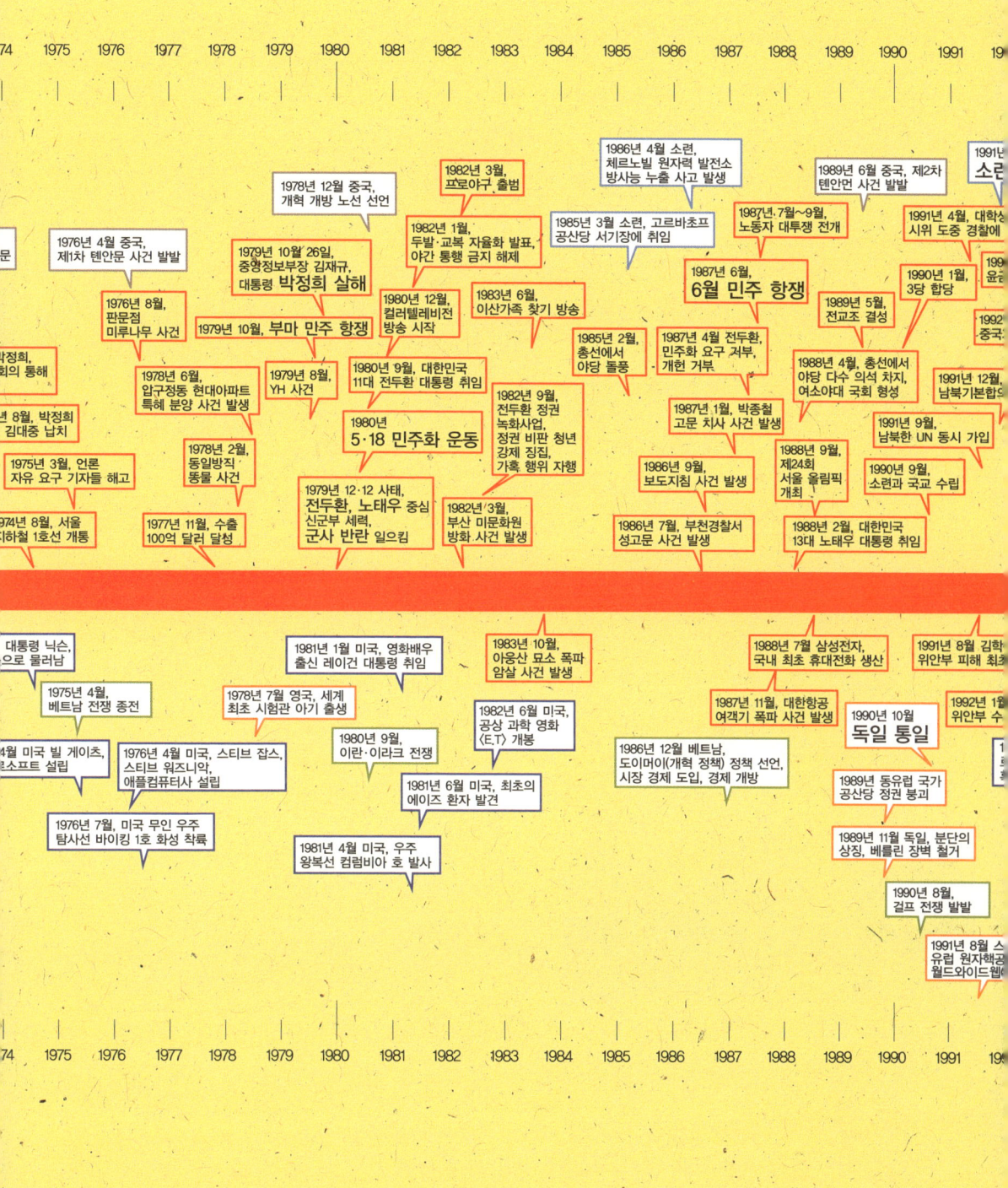

청계천을 따라 걷던 빡쌤과 아이들은 을지로 쪽으로 방향을 틀어 명동으로 갔다. 상가들이 끝없이 이어져 있고 쇼핑하는 사람들로 거리가 붐볐다. 명동을 처음 와 본 아이들은 눈이 휘둥그레졌다.

"명동 구경은 조금 이따 할 테니까 좀 더 가자."

얼마쯤 더 걸어 일행은 명동 성당에 도착했다.

"쌤, 현대사를 공부하는데 왜 천주교 성당에 왔어요?"

"명동 성당은 1980년 민주화 운동을 하다가 경찰에 쫓기는 사람들을 숨겨 주던 곳이야. 또 집회나 시위를 하다가 경찰에 몰린 시위대는 성당 안에서 집회를 이어 나가기도 했어. 경찰도 성당 안으로 들어가 시위하던 사람들을 잡아가진 못했어. 그러다가는 폭력을 휘두를 수밖에 없을 것이고 국내뿐 아니라 국제적으로도 비난을 받을 테니까."

그제야 아이들은 빡쌤이 명동 성당으로 자신들을 데려온 이유를 알았다.

일행은 녹색 잎이 무성한 커다란 나무 아래 벤치에 나란히 앉았다.

다시 빡쌤의 말이 이어졌다.

**명동 성당**
명동 성당은 우리나라 천주교의 중심지이지만 민주화 운동의 성지(聖地)이기도 해.

## 겨울에서 다시 겨울로

 "1979년 10월 26일, 박정희 독재 정권이 무너지자 독재에 맞서다 감옥에 갇힌 양심수들이 풀려나고 대학에서 쫓겨났던 학생들과 교수들도 돌아왔어. 언론은 다시 민주주의의 눈과 입으로 자기 자리를 되찾으려 노력했지. 국민들은 이제 다시 민주화의 봄이 올 것이라는 기대에 한껏 부풀었어.

 그런데 유신 체제를 이어받아 군사 독재를 하려는 자들이 있었어. 바로 전두환과 노태우 등 신군부 세력이야. 이들은 10·26 사태 이후 그해 12월 12일 쿠데타로 군대를 장악했어. 그러면서 국민 여론을 살피며 정권을 차지할 순간을 노렸지.

 이듬해 1980년 5월 15일, 서울역에는 더 이상 민주 정부를 세우는 일을 미룰 수 없다고 판단한 대학생들이 15만 명이나 모였어. 대학생들은 전두환 등

**신군부 세력**
신군부 세력은 12월 12일 쿠데타를 일으킨 주동자들을 가리켜. 이전의 박정희 군부 세력과 구분하기 위해 신군부 세력이라고 부르지.

신군부가 물러날 것과 계엄령 해제, 유신 헌법 폐지, 대통령 직선제 시행 등을 외쳤어.

　이틀 후 5월 17일 전두환 등은 물러나지도 계엄령을 해제하지도 않았어. 오히려 계엄령을 전국으로 확대하며 검은 속내를 드러냈지. 이 사건을 5·17 쿠데타라고 해.

　신군부는 계엄령 아래 국회의 기능을 정지시키고, 김대중, 김영삼, 문익환 등 정치인과 재야인사들을 감금했어. 계엄군은 비판적이라고 여겨지는 지식인과 학생 운동 지도부를 닥치는 대로 잡아들였지. 대학교에는 휴교령이 내려지고 총을 든 군인들이 학생들 대신 대학교에 주둔했어.

**서울역 시위**
1980년 5월 15일 학생들과 시민들이 서울역 앞 광장에 모여 헌법 개정과 계엄령 해제 등 민주주의를 요구하며 시위를 하는 모습이야.

 전국에는 계엄군이 들이닥쳐서 거리에서 조금만 서성거리는 사람들도 잡아 가뒀어. 박정희 정권이 만든 겨울이 물러나고 봄이 올 줄 알았던 한반도에는 다시 겨울이 시작되었고 생명들은 잔뜩 움츠러들었지. 그러나 굽히지 않고 투쟁을 계속 이어가던 도시가 있었어. 바로 전라남도 광주야!"

## 5·18 광주 민주화 운동

 "1980년 5월 18일 광주의 대학생들은 계엄령을 철폐하고 잡아간 민주 인사들을 풀어 주라며 시위를 벌였어. 이에 계엄군들은 아무 무장도 하지 않은 대학생들을 곤봉과 군화로 무자비하게 폭행했어. 피를 철철 흘리는 대학생들을 사냥한 짐승처럼 질질 끌고 다녔어. 이런 모습을 보다 못한 시민들이 계엄군을 말렸으나 계엄군의 폭력은 시민들이라고 예외가 아니었지.
 이튿날, 학생들과 시민들이 거리를 가득 메우고 계엄군에 항의했어. 그러나 이번에도 계엄군은 무자비한 폭력으로 학생들과 시민들을 진압했지.
 거듭되는 계엄군의 폭력에도 광주 시민들과 학생들은 물러서지 않았어. 오히려 더 많은 사람이 거리로 쏟아져 나왔지. 5월 21일, 계엄군은 거리의 시민들에게 집중 사격을 퍼부었고, 수많은 시민이 총에 맞아 그 자리에서 죽었어. 초등학생, 노인, 임산부 등 계엄군의 총구는 목표를 가리지 않았단다.
 계엄군은 광주 시민들을 폭도로 몰고 살인도 주저하지 않았어. 이런 상황에서 시민들도 더 이상 구호만 외치고 있을 수는 없었어. 계엄군에 맞서기 위해 시민들은 경찰서와 예비군 무기고에서 무기를 가져다가 시민군으로 무장했어.

5월 21일 오후, 시민군은 전남 도청을 장악했고 계엄군은 잠시 광주 외곽으로 물러났어. 시민들은 수습대책위원회를 꾸리고 치안을 유지했어. 광주는 안정을 되찾아 갔지. 위원회는 군대와 정부에 과잉 진압을 인정하라고 요구했어. 하지만 계엄군은 시민군을 몰살시킬 계획을 착착 진행했지."

"아, 무서워!"

마리가 머리를 감싸고 벌벌 떨었다.

"그럼 빨리 다른 지역에 상황을 알려야 하지 않나요? 4·19 혁명 때도 김주열 군의 죽음이나 각 지역의 상황을 언론 등으로 서로 알리면서 독재 정권에 맞섰잖아요."

은지가 다급한 표정으로 말했다.

"그런데 신군부는 4·19 혁명 때 역사를 잘 알고 있었어. 그래서 언론을 완전히 통제했지. 언론은 신군부가 시키는 대로 방송을 하고 신문을 펴냈어. 언론에서 '북한의 명령을 받은 불순분자와 간첩이 지역감정을 자극하고 선동해 광주를 혼란에 빠뜨리고 있다.'는 허위 보도를 계속 내

**계엄군의 폭행**
5월 18일 학생들은 전남대학교에서 금남로 방향으로 행진하며 시위했어. 그러자 계엄군이 학생들을 붙잡아 곤봉으로 마구 폭행했지. 이를 보고 분노한 시민들이 시위에 참여했고 계엄군은 시민들도 무차별 두들겨 팼어.

**계엄군과 대치하는 광주 학생들**
전남대학교 학생들이 비상계엄 해제를 외치며 계엄군과 대치하고 있는 모습이야.

**총을 든 시민군**
계엄군이 광주 시민들을 폭력적으로 억압하자, 시민들은 경찰서와 예비군 무기고에서 총을 가져다가 시민군으로 무장했어.

보냈지. 그래서 대부분 국민들은 광주에서 폭도들이 난동을 부리는 줄로만 알았어. 광주 외곽을 군대가 완전히 포위해 아무도 드나들지 못하게 했어. 광주는 이제 폭력에 눈먼 군인들에 의해 완벽하게 고립된 곳이 되어 버렸지.

그리고 5월 27일 밤, 계엄군의 대대적인 도청 진압 작전이 벌어졌어. 여기서 탱크와 헬기까지 동원된 진압 과정에서 시민군 대부분이 목숨을 잃고 말았단다.

전두환 등의 신군부가 민주주의의 시계를 거꾸로 돌리려는 것을 막으려고 광주 학생들과 시민들이 일어나 치열하게 싸운 열흘 동안의 항쟁. 여기서 계엄군에 의해 죽거나 실종된 사람은 224명, 다친 사람은 3,028명에 달해.

이렇게 5·18 광주 민주화 운동은 큰 상처를 남긴 채 진압되고 전두환 군사

**5·18 민주 묘지**
5·18 광주 민주화 운동으로 희생된 사람들을 위로하고 그 정신을 기념하기 위해 만든 묘지야.

정권이 들어섰어. 오랫동안 독재를 저지른 박정희 정권의 몰락으로 다시 찾은 민주주의의 봄은 너무나도 짧았지……."

## 다시 들어선 군사 독재 정권

"전두환은 일단 유신 헌법에 따라 통일주체국민회의에서 대통령에 당선되었어. 이듬해인 1981년에는 개헌을 단행해 대통령 선거인단을 꾸렸고, 그들의 투표로 임기 7년 단임의 대통령에 취임했어. 그런데 통일주체국민회의나 대통령 선거인단이나 대통령 편 사람들로 꾸려져 체육관에서 투표를 했고 또 간접 선거라는 점은 이전 정권과 다를 바 없었지. 가혹한 독재를 저지른 박정희 정권과 똑같은 군사 정권이 다시 들어선 거야.

전두환 정권은 각종 악법을 만들어 민주화 세력을 탄압했어. 특히 언론에 대한 탄압은 상상을 초월했지. 전두환 정권은 '보도 지침'이란 걸 만들어 방송국과 신문사에 내려보냈어. 보도 지침이란 언론이 무엇을 어떤 식으로 보도하라고 지침을 정해 주는 거야. 다르게 보도했다가는 엄청난 불이익 얻을 거라고 각오하라는 협박과 함께 말이지. 그래서 모든 언론사는 정부가 정해 주는 대로 보도를 해야만 했어.

정부의 언론 통제가 얼마나 심했는지 알 수 있는 예로 '땡전 뉴스'라는 말이 있었어. 예전에는 TV에서 시간을 알려 주는 소리가 나고 저녁 아홉 시 뉴스가 시작되었어. 시간이 아홉 시를 향해 일 초 일 초 다가가며 '뚜, 뚜, 뚜' 소리가 나오다가 아홉 시 정각을 알리는 '땡' 소리가 나면 언제나 가장 먼저 나오는 아나운서의 멘트는 '전두환 대통령 각하께서는 오늘……'로 시작했

어. 그래서 '땡전 뉴스'라고 불렀지. 뉴스가 전두환 정권을 홍보하는 수단으로 전락한 거야.

언론뿐만 아니라 사회 전반에서 전두환 정권을 비판하는 사람들은 정보기관과 경찰서로 끌려가 고초를 당했어. 심하면 잔인한 고문을 받아 불구가 되기도 했고 평생 정신적인 트라우마에 시달려야 했지. 전두환 정권 때는 그야말로 잔혹한 공포 정치의 시대였어.

그럼에도 불구하고 민주화를 향한 국민의 투쟁은 수그러들지 않았어. 그 바탕에는 전두환이 짓밟은 5·18 광주 민주화 운동이 있었지. 5월 광주는 결코 죽지 않고 들불처럼 다시 살아나 전두환과 신군부의 발목을 붙잡았단다."

밑줄 쫙!  은지의 한국사 노트

박정희 정권 붕괴 뒤 □□□과 □□□ 등 신군부 세력은 12월 12일 쿠데타로 군대를 장악하고 권력을 잡을 준비를 시작했다.
→ 전두환, 노태우

신군부는 계엄령을 내리고 민주화 요구를 무력으로 억눌렀다. 그러나 전라남도 □□의 대학생들은 이에 굴하지 않고 시위를 이어 갔다.
→ 광주

1980년 5월 18일 시위를 하던 대학생들을 계엄군이 잔인하게 폭행하자, 지켜보고 있던 시민들도 시위에 참가했다. 이렇게 광주의 대학생들과 시민들이 쿠데타 세력에 반대하고 일어난 운동을 □·□□ 민주 □□□ □□이라고 한다.
→ 5·18 민주화 운동, 광주 민주화 운동

## 국민의 힘으로 민주주의를 되찾다

전두환 정권은 체포와 구속, 고문 등 폭력으로 국민들을 억압했어. 그러나 민주주의에 대한 국민들의 열망은 꺼지지 않았지. 대학생들은 전두환 정권의 광주 학살을 비롯해 갖가지 비민주적 행태를 알리기 위해 거리로 나섰어.

그리고 야당과 사회단체는 전두환의 지지자들이 뽑는 간접 선거를 국민들이 직접 뽑는 직접 선거, 즉 직선제로 선거 제도를 바꾸자고 주장했단다.

대학생을 비롯한 많은 국민들도 직선제로 선거 제도를 바꿀 것을 요구했어. 하지만 전두환은 기존 선거 제도를 고수했지. 그러면서 체포, 구금, 고문으로 반대 세력을 더욱 강하게 탄압했어.

그러던 중 서울대 대학생 박종철이 물고문을 받다가 사망하는 사건이 발생했어. 전두환 정권에 대한 국민들의 분노는 마침내 폭발하게 되었지. 대학생뿐만 아니라 시민들까지 거리 시위에 나섰어. 4·19 혁명 때와 같이 시민들은 독재 정권의 폭력에 물러서지 않았던 거야.

폭력 진압에도 물러서지 않은 시민들의 요구에 전두환은 직선제 개헌을 받아들였어. 이것은 군사 독재 정권에 대한 국민의 승리였고, 4·19 혁명에 이어 국민의 힘으로 정권을 교체한 역사적 사건이었단다.

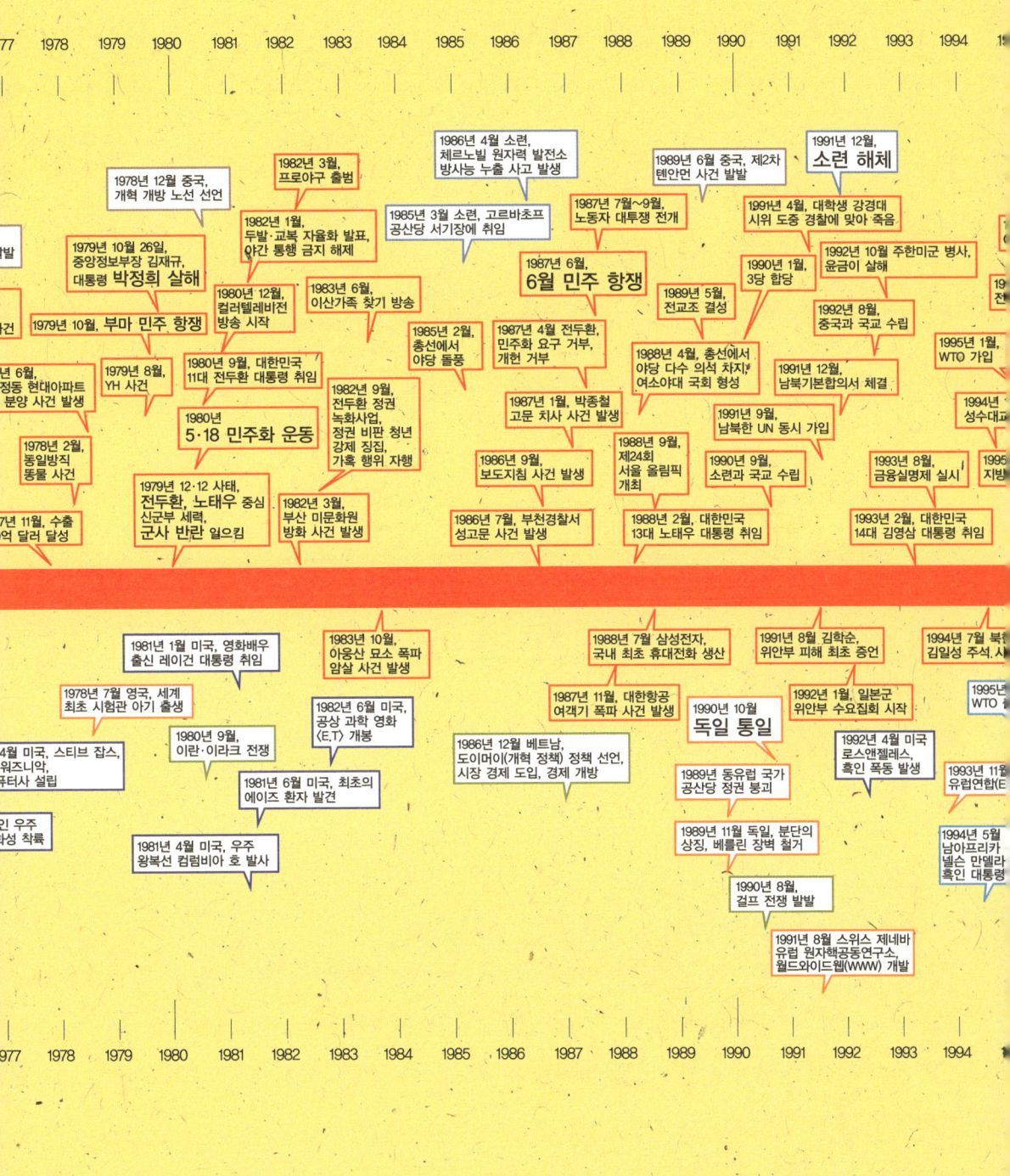

5부 국민의 힘으로 민주화를 이루다

# 민주화 운동의 뿌리, 5월 광주

"전두환 정권은 광주에서 국민들을 학살한 사건을 완벽한 언론 통제를 통해 왜곡하고 은폐하려 했어. 민주주의 국가에서 민주화를 요구하는 국민을 군대를 이용해 살해한 것은 결코 정당화될 수 없으니까. 그러나 진실은 그렇게 쉽게 가릴 수 없었어.

5·18 민주화 운동 당시 광주에 있던 외국인 사진 기자들은 광주의 참상을 사진으로 남겼어. 이 사진과 영상은 정부의 삼엄한 감시의 눈길을 피해 해외로 빠져나갔지. 이 자료들이 해외 언론에 보도되고 이것이 다시 국내로 들어와 퍼졌어.

대학교 대자보*에 1980년 5월에 전두환 정권이 광주에서 저지른 끔찍한 학살 현장 사진이 붙었어. 이렇게 대학가를 중심으로 광주의 진실이 밝혀졌고 경찰의 단속에도 사진과 책자가 여기저기로 퍼져 나갔지.

대학교에서는 전두환 정권을 비판하는 시위가 벌어졌어. 교문을 벗어나 거리로 나서려는 학생들과 이를 막으려는 경찰의 싸움이 연일 이어졌어. 학교에는 학생들이 던진 돌멩이와 경찰이 쏜 최루탄이 날아다녔어. 대학교 교정은 눈을 뜰 수도 숨을 쉴 수도 없을 정도로 독한 최루탄 연기로 자욱했단다.

학생들의 시위는 학교에만 머물지 않았어. 학생들은 서너 명씩 짝을 지어 시내로 나갔어. 그리고 기습적으로 구호를 외치고 인쇄물을 뿌렸지. 인쇄물에는 전두환 정권이 저지른 광주 학살과 갖가지 비리가 밝혀져 있었어.

*대자보
대학교나 사회단체에서 자신들의 주장을 여럿이 볼 수 있게 큰 종이에 큰 글씨로 써서 벽 등에 붙인 것을 말해.

경찰은 학생들을 잡아다가 폭력을 휘둘렀어. 더 이상 학생 운동을 하지 못하도록 강제로 군대로 보내기도 했지. 또 경찰과 정보기관은 학생 운동의 조직을 캐내기 위해 닥치는 대로 사람들을 잡아다가 전기 고문, 물고문으로 고통을 주며 자백을 강요했단다.

철저한 언론 통제와 학생 운동 및 사회 운동 단체의 탄압 때문에 광주 학살의 진실은 일반 국민들에게 널리 알려지지는 않았어. 텔레비전을 보며 많은 사람이 광주에서 일어난 사건이 간첩이 벌인 폭동이라는 정부의 말만 믿었지. 그리고 5·18 민주화 운동이 전두환 정권의 학살이라고 주장하는 사람들은 사회 혼란을 일으키려는 불순분자라고 생각했어. 사람들은 오히려 정부가 일을 잘하고 있다고 생각한 거야.

화면이 검은색과 흰색만으로 나오던 흑백텔레비전 방송이 컬러텔레비전 방송으로 바뀌었어. 물론 컬러텔레비전은 아주 비싸서 누구나 가질 수 있는 가전제품은 아니었지만 집에 있는 텔레비전에서 유명 배우나 가수의 실제 피부색을 본다는 건 정말 신기한 일이었지.

또 12시가 되어 사이렌이 울리면 집 안에서 꼼짝도 못하게 했던 '통행금지'가 풀렸어. 이제 새벽에 돌아다녀도 아무도 뭐라 하지 않았어. 게다가 까마귀처럼 모두 검은색으로 통일해 입던 교복을 벗고 복장을 자율화했지. 사람들은 박정희 정권 때와 다른 조치들 때문에 자유로운 세상이 된 듯한 착각에 빠졌어.

과외 등 사교육도 전면 금지되었어. 이전에는 돈이 있는 아이들은 과외 선생님에게 족집게 과외를 받고 학교에서 좋은 성적을 받았거든. 집에서 혼자 공부하던 아이들은 과외를 받는 아이들을 따라잡기 어려웠지. 이제 사교육을 금지하니 돈이 없는 아이들도 같은 출발점에서 공정하게 경쟁할 기회가 찾아

온 거야. 이거야말로 기회의 평등 아니겠어? 사람들은 세상이 평등해지고 있구나 생각했지.

그러나 기업가와 정치인과 관리 들은 엄청난 돈을 주고받는 부정부패한 세상이 평등한 세상은 아니겠지. 당시 전두환 정권에 줄을 댄 사람들은 부와 권력을 자기들끼리 나눠 갖고 대를 물리며 다른 사람의 기회를 가로막는 불평등한 사회 구조를 다지고 있었어. 겉으로는 평등과 자유의 단맛을 보여 주었지만 속으로는 불평등과 억압을 내면화하고 있었던 거야.

그렇게 컬러텔레비전과 심야 영업 업소의 네온사인으로 상징되는 화려한 불빛이 독재자의 검은 속내를 감추고 있었어. 그리고 이를 들춰내려는 사람들이 어둠 속으로 끌려가는 일이 일상처럼 반복되었지. 거짓이 진실을 완전히 이긴 듯한 시간이 끝없이 흘러갔단다.

1985년 2월 국회의원 선거가 치러졌어. 그런데 예상과 완전히 다른 결과가 나왔어. 여당에 절대 유리한 선거 제도였지만 야당인 신민당이 큰 지지를 받았어. 전두환 정권이 눈과 귀를 가려도 국민들은 점점 이들의 본모습을 알아채고 있었던 거야."

"승리를 당연하게 생

**컬러텔레비전의 보급**
1980년대에는 컬러텔레비전이 엄청나게 많이 보급되면서 화려한 컬러텔레비전 방송의 시대가 열렸어.

각하고 있었던 전두환은 선거 결과에 크게 당황하고 실망했어. 그래서 선거 운동 담당자들에게 불같이 화를 냈다고 해. 자신들의 속임수가 먹혀들지 않게 되었으니 화가 날 만도 했을 거야.

그런데 선거 결과가 전두환 정권에게 치명적인 이유는 다른 데 있었어. 국회에 야당 국회의원 수가 많아지면 자기들 마음대로 법을 만들거나 바꾸는 게 어려워지기 때문이야. 역대 독재 정권이 매번 국회에서 다수를 차지해 헌법을 고치는 식으로 권력을 연장해 온 것 기억하지?

1985년 전국 대학교에서는 학생회가 중심이 되어 광주 학살의 진실을 밝히고 책임자를 처벌하라는 시위가 더욱 격렬하게 벌어졌어. 학살의 최고 책임자는 다름 아닌 전두환이니 가만히 두고 볼 수는 없었지. 경찰과 정보기관은 학생들을 잡아다가 잔인하게 고문하고 감옥에 가두었어. 그러나 시위는 쉽사리 가라앉지 않았지."

## 더 이상 죽이지 마라!

"전국 곳곳에서 대학생들이 집회와 시위로 전두환 정권에 맞서던 1986년, 마침내 야당 국회의원들도 목소리를 냈어. 다름 아닌 대통령 선거 제도를 간선제에서 직선제로 바꾸자는 것이었어. '대통령 측근들이 체육관에 모여 결과가 뻔한 선거로 대통령을 뽑는 것은 민주주의적인 선거가 아니다. 그러니 국민들이 직접 대통령을 뽑는 것이 민주주의 원칙에 맞다.'

많은 국민이 이런 움직임에 동참했어. 직선제야말로 국민 투표라는 민주적 방식으로 독재 정치를 끝내는 가장 적절한 방식이었으니까. 그러나 국민을

속이고 그게 안 먹히면 짓밟겠다는 생각을 가진 독재 정권은 콧방귀를 뀌었고, 체포와 구금, 고문으로 응수했지.

1987년 1월 19일, 신문에 충격적인 기사가 실렸어. 서울대학교에 다니는 박종철이라는 학생이 경찰의 물고문을 받다가 사망했다는 내용의 기사였어. 경찰은 고문 사실을 부인하며 '그냥 탁 쳤더니 억 하면서 죽었다.'고 하면서 자신들은 책임이 없다는 말도 안 되는 변명을 했지. 사건의 진실이 보도되고 부검에 참여한 의사가 고문에 의한 죽음이라는 양심선언을 했어. 그러나 전두환 정권은 온갖 거짓말로 상황을 덮으려 했고 이에 항의하는 사람들을 폭력적으로 억눌렀어.

**남영동 대공분실 509호**
이 자리에서 박종철이 물고문을 당하다가 세상을 떠났어. 지금은 박종철 기념실로 바뀌었지.

죄 없는 젊은이를 죽이고도 잘못을 뉘우치기는커녕 거짓과 폭력으로 일관하는 전두환 정권에 대해 국민들의 분노는 점점 더 커져 갔어.

전두환은 아랑곳하지 않고 국민에게 이렇게 말했지. '직선제 개헌 같은 건 없다. 현재의 법대로 대통령 선거인단을 통한 간선제를 하겠다.' 이것을 '호헌 조치'라고 해. 호헌이란 지킬 호(護), 법 헌(憲)이란 한자를 써서 법을 지킨다, 즉 현재의 법을 유지하겠다는 조치인 거야. 불법적으로 사람을 죽이고도 뉘우칠 줄 모르는 사람이 법을 지킨다는 것 자체가 앞뒤가 안 맞지. 무엇보다 전두환의 태도는 직선제에 대한 국민의 뜻을 무시한 발언이었어. 이는 곧 국민에 대한 선전포고나 마찬가지였어. 너희가 한번 해볼 테면 해보라는 말인 거야. 이에 대학생들이 바로 반응했어."

**물고문 신문 기사 지면**
큰 제목으로 '대학생 경찰 조사받다 사망' 이라고 적혀 있고, 박종철 학생 사진 오른쪽에 중간 제목으로 '검찰에서 사체 부검, 고문 드러나면 수사관 구속' 이라고 적혀 있어. 그리고 사진 위 작은 제목으로 '무릎 찰과상 손가락 사이 멍(경찰 주장)', '오른쪽 폐 탁구공 크기 출혈(부검 결과)', '목과 가슴 주위 피멍 많았다(의사)' 라고 쓰여 있어. 경찰의 주장은 큰 문제가 없다는 식이지만, 부검 결과와 의사의 말로 보면 누군가 숨을 쉴 수 없게 해서 죽음에 이르게 했다는 추측이 가능하지.

## 민주주의 시대를 연 6월 민주 항쟁

"학생들은 '호헌 철폐! 독재 타도!'를 외치며 거리로 뛰어나왔어. 정부는 경찰을 동원해 학생들의 시위를 강력하게 진압했어. 그러나 전두환 정권의 독재 연장 의도에 분노한 대학생들의 시위는 거리 여기저기서 불꽃처럼 터져

**박종철 영정 사진을 들고 행진하는 학생들**
박종철이 고문에 의해 죽었다는 소식이 전해지자 학생들과 시민들의 분노는 점점 더 커져 갔어.

나왔어.

그해 5월, 대학생들과 야당 정치인, 종교인, 사회단체 등 여러 분야의 사람들은 전두환 정권의 호헌 조치에 맞서기 위해 '민주헌법쟁취국민운동본부'라는 단체를 결성하고 투쟁의 힘을 하나로 모으기로 했단다.

드디어 6월 10일, 전두환은 자신의 뒤를 이을 대통령 후보로 자신과 함께 쿠데타를 일으킨 노태우를 지명한다고 발표했어. 간선제를 지키겠다는 발표에서 이미 2인자인 노태우 지명은 누구나 예상한 일이었어. 대통령 이름만 바꿔 독재를 이어 가겠다는 것이었지. 그러자 전국 22개 도시에 한꺼번에 호헌을 반대하는 대규모 시위가 벌어졌어.

저녁이 되자 퇴근하는 사람들까지 시위에 참여했어. 버스 기사들은 구호에

맞춰 경적을 울렸고 버스를 타고 가던 사람들은 창문을 열고 박수를 치며 시위대를 응원했어.

경찰은 곤봉과 최루탄으로 시위대를 무차별적으로 진압했지만, 시위대의 규모는 날이 갈수록 커졌어. 도시에서는 회사원들이 점심시간이나 퇴근 시간 이후에 넥타이를 맨 채로 시위에 참여했지. 이들을 '넥타이 부대'라고 불렀어. 넥타이 부대뿐 아니라 밀짚모자를 쓴 농민, 전대를 찬 시장 상인, 오토바이 헬멧을 쓴 배달부까지 그야말로 4·19 혁명 때처럼 전 국민이 독재 정권을 몰아내고 민주주의를 되찾는 싸움에 나섰단다.

시위가 걷잡을 수 없이 확대되자 정부는 더 이상 버틸 수 없다는 걸 깨달았어. 이런 상황에서 전두환이 박정희나 이승만처럼 계엄령을 선포해 군대를

**6월 민주 항쟁**
학생들이 '호헌 철폐 독재 타도'가 적힌 플랜카드를 들고 전두환 정권에 맞서 시위하는 모습이야.

동원하려고 했다는 말이 있었지만 그러기에는 너무 부담이 컸지.

우선 이듬해 1988년에 있을 서울 올림픽으로 세계인의 눈이 대한민국으로 쏠려 있었어. 올림픽을 개최하는 나라에서 군대를 이용해 국민을 탄압할 경우 국제적인 비난이 쏟아질 건 자명한 일이었지. 이미 세계인들은 1980년 광주에서 전두환 정권이 저지른 학살을 잘 알고 있었거든.

미국도 또다시 군대를 동원해 피를 부르려는 전두환의 생각에 반대했어. 당시 대학생들은 미국이 광주 학살을 묵인했다는 이유로 반미 운동을 벌이며 미국에 부담을 주고 있었지. 즉, 5·18 민주화 운동이 다시 살아나 대한민국에 닥칠 피바람을 막은 셈이야.

그러나 무엇보다 똘똘 뭉쳐 민주주의를 되찾으려 나선 국민들이야말로 독재 권력의 무력 사용을 막은 가장 큰 힘이었어.

결국 6월 29일, 대통령 후보 노태우는 직선제로 헌법을 개정하고 민주 선거를 치르겠다고 선언했어(6·29 선언). 군사 독재 정권의 항복 선언이자, 무려 7년 동안 온갖 탄압을 견디며 싸워 온 국민의 승리였지. 4·19 혁명에 이어 대한민국 국민들은 또다시 독재 권력을 상대로 위대한 승리를 이끌어 낸 거야. 이 항쟁을 '6월 민주 항쟁'이라고 부른단다."

## 반드시 해결해야 할 과제

"국회에서 여야는 직선제 개헌안을 의결했어. 그리고 10월 27일 국민 투표에 부쳐졌어. 결과는 직선제 개헌 찬성이 94.5퍼센트! 드디어 국민들의 손으로 직접 대통령을 뽑게 되었지. 그리고 1987년 12월 16일에 대통령 선거가

치러졌어. 그런데 국민들의 바람과는 달리 전두환의 후계자인 노태우가 당선되었단다. 그 이유는 다음과 같아.

선거 전 여당인 노태우에게 유리한 사건이 터졌어. 선거를 바로 코앞에 둔 11월 29일 대한항공 여객기가 북한 공작원에 의해 폭파되었지. 당시 이것이 진짜 북한의 소행이냐, 아니면 다른 배후가 있는 것 아니냐며 의견이 분분했어. 물론 나중에 북한의 지령에 의한 것이라고 공식적으로 확인되었지. 아무튼 이 사건으로 국방과 안보를 강조하는 노태우 쪽으로 돌아서는 사람들이 늘어났어.

또 각 후보들이 자신의 기반인 지역에 지지를 호소하며 유세해 지역감정이 심해졌지. 그러다 보니 원래 투표하려던 후보 대신 자기 지역 후보에게 투표하는 사람들이 많아졌어.

그러나 무엇보다 여당이 다시 집권한 결정적 이유는 야당 쪽의 분열이었어. 함께 민주화 운동을 해 오던 김대중과 김영삼은 후보를 단일화해 군부 독재를 끝내라는 국민들의 바람을 뒤로하고 각자 후보로 나왔지.

투표 결과는 노태우 36.6퍼센트, 김영삼 28퍼센트, 김대중 27퍼센트. 김영삼과 김대중이 단일화했더라면 국민들의 간절한 소망인 군부 독재 종식과 민주 정부 수립이 가능했던 결과라 아쉬움이 컸어.

그러나 민주주의에 대한 국민들의 열의는 식지 않았지. 1988년 치러진 국회의원 선거에서 여당인 민주정의당은 득표율 34퍼센트에 의석수 125석, 야당인 평화민주당은 득표율 19.3퍼센트에 의석수 70석, 야당인 통일민주당은 득표율 23.8퍼센트에 의석수 59석, 야당인 신민주공화당은 득표율 15.8퍼센트에 의석수 35석을 거뒀어.

여당 125석에 비해 야당이 164석으로, 우리나라 국회가 생긴 이래 여당보

**제13대 대통령 선거**
1987년 12월 16일에 제13대 대통령 선거가 치러졌어. 사진은 당시 대통령 후보들의 포스터를 모아 놓은 모습이야.

다 야당에서 더 많은 국회의원을 낸 것은 처음이었지. 국회에서 우월한 위치를 차지한 야당은 그동안 저지른 정부의 잘못을 따지고 진실을 밝혀 역사를 바로잡고자 노력했어.

  이 모든 일은 민주주의를 향한 국민의 염원과, 그 염원을 행동으로 보인 6월 민주 항쟁이 있었기에 가능했단다.

  그런데 얼마 지나지 않아 국민이 힘을 실어 준 야당 중 김영삼이 이끄는 통일민주당과 김종필이 이끄는 신민주공화당이 여당인 민주정의당과 합쳤어. 독재 정권의 연장인 민주정의당을 견제하라고 했더니 오히려 그들과 손을 잡고 여당이 된 거야. 이렇게 만들어진 당이 민주자유당(민자당)이고, 민자당은 정치적으로 궁지에 몰릴 때마다 당의 이름을 신한국당, 한나라당, 새누리당, 자유한국당으로 바꾸다가 최근에는 국민의힘이 되었지.

국민이 목숨을 바쳐 나라를 바로잡을 기회를 주어도 정치권은 번번이 자신들의 이권을 위해 분열과 야합을 거듭했어. 4·19 혁명 이후 민주당도 부정선거 및 시민 학살의 책임자와 부정부패로 나라를 어지럽힌 자를 제대로 처벌하지 못하고 두루뭉술하게 넘어가 국민에게 실망감을 안겨 주었지. 그리고 이후 자기들끼리 분열하다가 군사 쿠데타로 민주화를 이룰 기회를 무산시킨 적도 있었어.

6월 항쟁 이후 정치권이 보인 모습은 국민의 승리를 온전히 국민의 것으로 돌리기 위해 어떻게 해야 하는지 과제를 우리 모두에게 던진 거야."

빡쌤이 말을 마치자 마침 성당에서 종소리가 울렸다.

"쌤, 그럼 6월 항쟁 때 명동 성당만 시위대를 보호해 줬나요?"

개신교 교회에 다니는 마리가 아쉬운 표정을 지었다.

"그럴 리가. 서울을 비롯한 큰 도시에 있는 교회나 절에서도 폭력적 경찰에 쫓기는 학생들을 지켜 주었어. 또 정권의 잘못을 비판하며 민주주의를 위한 움직임에 함께했단다. 종교는 고통 받는 사람들을 돕는 것이 목적이니 독재 정권의 탄압을 가만히 보고 있지 않았단다. 물론 그렇지 않은 종교 집단도 있었지만 말이야."

## 군인이 아닌 민간인 정부가 들어섰다

6월 민주 항쟁으로 국민들이 직접 대통령을 뽑게 되었어. 직선제로 뽑힌 첫 번째 대통령은 아이러니하게도 전두환과 함께 쿠데타를 일으켰던 노태우였지. 노태우는 국민들의 민주주의에 대한 요구에 부응하지 못했어. 그러나 노태우 정권 시절 열린 서울 올림픽은 발전된 대한민국을 세계에 알리는 계기가 되었고 본격적인 세계화가 시작되었단다.

다음 대통령 선거에서는 군인 출신이 아닌 민간인 출신 김영삼이 대통령에 당선되면서 오랜 군사 정부의 종지부를 찍었어. 하지만 그가 대통령이 되기 위해 손을 잡은 세력은 지난 독재 정권 시절 인사들이었고 따라서 개혁도 제한적일 수밖에 없었지.

김영삼 정부에서는 금융 실명제와 지방 자치제가 실시되어 민주주의의 진전을 이루었어. 그러나 경제 정책의 실패로 IMF 경제 위기를 맞게 되었고, 많은 국민들이 큰 고통을 받았단다. 그리고 그 영향은 이후 대한민국의 경제에 깊은 상처를 남겼지.

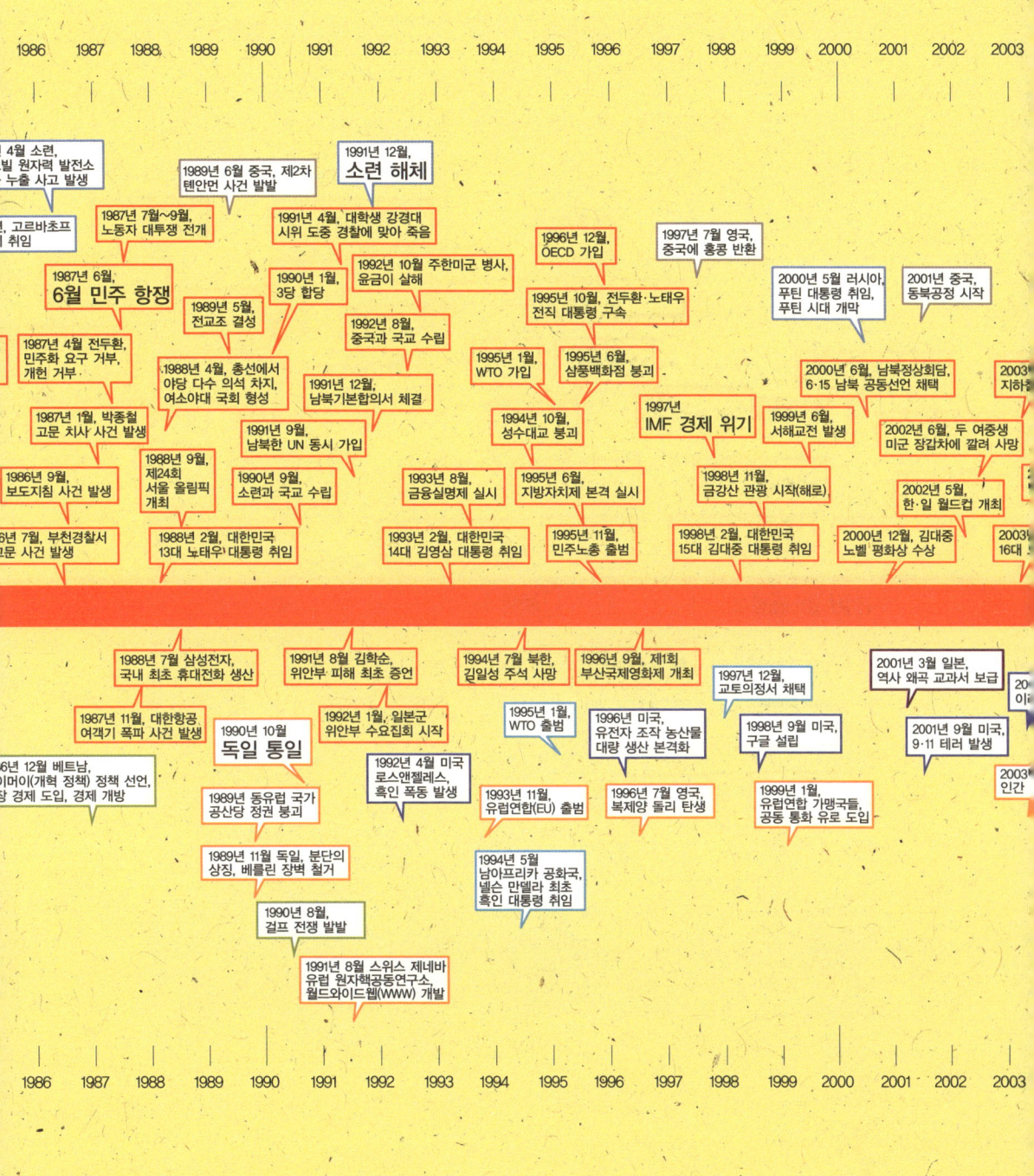

오늘은 한국사 마지막 수업. 다른 때 같으면 수업 전 꿈틀 안을 질주했을 아이들이 오늘은 차분히 탁자에 앉아 있었다.

"오늘은 6월 민주 항쟁 이후 어떤 일이 있었는지 알아보자."

빡쌤은 태블릿에 사진 한 장을 띄웠다. 사진 속에는 많은 젊은이가 도로 위에 누워 있었다.

"어, 위험하게 왜들 이러고 있죠?"

아이들은 깜짝 놀라 소리를 질렀다.

"북한 대학생들과 판문점에서 만나겠다고 경기도 파주 방향으로 행진하던

**1988년 연와 시위**
1988년 6·10 남북 학생 회담을 위해 판문점으로 향하던 대학생 5,000여 명이 홍제역 앞 도로에서 연와 시위를 벌였어. 연와 시위는 몸을 연결해 누워서 벌이는 시위를 말해.

대학생들이야. 서울시 은평구 무악재 도로에서 경찰에 저지당하자, 물러서지 않겠다며 서로 팔을 끼고 누워 버티는 모습이지."

## 민주화 운동에서 통일 운동으로

"6월 항쟁이 일어난 이듬해인 1988년 6월 10일, 대학생들은 민주화와 함께 우리 민족이 해결해야 할 가장 큰 문제를 풀기 위해 나섰어. 대학생들은 판문점에서 남북 학생들이 만나기로 하고 행진을 했지. 정부는 통일에 대한 모든 일은 정부를 통해서만 할 수 있다며 대학생들의 통일 행사를 공권력을 이용해 막았어.

목사 문익환, 대학생 임수경, 작가 황석영 등이 북한과 교류를 활성화해 통일을 앞당긴다며 북한을 방문했어. 정부는 사회 질서를 혼란하게 하고 안보를 위협하는 행동을 했다며 이들을 강력하게 처벌했어. 그리고 이런 분위기를 정부 비판 세력을 탄압하는 데 이용했지.

억압적 분위기에서 서울 올림픽을 준비하며 정부는 여러 잘못을 저질렀어. 외국인들에게 잘 보이려고 거리에서 장사하는 사람들을 아무런 대책도 없이 몰아냈어. 가난한 사람들이 사는 동네는 보기 좋지 않다는 이유로 밀어 버리기도 했지.

다행히 세계인의 축제는 성공적으로 마무리되었어. 우리나라는 12개의 금메달을 따며 종합 4위에 올랐지. 그러나 메달보다 중요한 건, 전쟁으로 폐허가 되었던 나라가 눈부시게 발전한 사실을 세계에 알려서 대한민국의 국격을 한 단계 높였다는 거야. 우리나라 사람들도 한국인으로서 자긍심을 갖게 되

었고 한반도를 벗어나 세계로 시야를 넓히는 계기가 되었지.

이런 흐름에 발맞춰 올림픽 다음 해부터는 이전까지 통제되어 있는 해외여행을 자유롭게 다닐 수 있게 되었어. 올림픽을 계기로 본격적인 세계화가 시작된 거야.

세계로 문을 연 것은 여행뿐만이 아니었어. 1980년대 말은 자본주의 국가와 사회주의 국가가 화해하는 분위기로 흐르고 있었지. 이에 정부는 북방 외교*를 펼쳐서 일체 교류가 없던 소련이나 중국과도 수교를 맺었어. 나아가 북한과의 관계도 진전을 보였지. UN에 남

*북방 외교
1980년대 정부가 공산주의 국가들과의 관계 개선을 통해 한반도의 긴장 완화와 평화 정착, 통일 기반 조성을 추구한 외교 정책이야.

**서울 올림픽 대회**
1988년 서울에서 제24회 올림픽이 성대하게 치러졌어. 이 대회로 우리나라의 국제적 위상이 높아졌어.

북한이 동시에 가입했고, 남북공동합의서도 발표했고, 한반도 비핵화도 선언했어."

## 김영삼 정부(1993~1998)

"1992년 12월, 대통령 선거가 치러졌어. 3당 합당으로 여당으로 들어갔던 김영삼이 당선되어 1993년에 취임했어. 그러면서 5·16 쿠데타 이후 32년 동안 이어진 군사 정권 시대가 끝났지. 김영삼 정부는 군사 정권이 아닌 민간인이 정부를 구성했다고 하여 스스로를 '문민정부'라고 불렀어."

"대통령만 문민이지, 여당은 전두환을 따르는 사람들이 모인 민정당과, 박정희를 따르는 사람들이 모인 공화당이 핵심이었잖아요. 군사 정권과 크게 다르지 않은 것 아니에요?"

군사 정권의 독재에 넌더리가 난 은지가 시니컬한 표정을 지었다.

"그렇긴 하지만, 6월 항쟁으로 쟁취한 직선제로 대통령을 뽑게 되었고, 군인들의 독재를 끝냈다는 것은 큰 의미가 있어. 실제로 김영삼 정부는 여러 개혁 정책을 실시했지."

### 금융 실명제

"1993년 8월 12일 금융 실명제가 실시되었어. 금융 실명제란 금융 거래를 할 때 반드시 본인의 실제 이름을 써야 하는 제도야. 이전에는 가짜 이름을 쓰거나 아예 이름을 적지 않고 금융 거래를 해도 됐거든. 그러다 보니 떳떳하지 않은 검은 돈이 돌아다니고 은행에 넣은 돈을 통해 이윤을 얻어도 누구 것

인지 몰라 세금을 부과할 수 없었지. 금융 실명제를 통해 불법적인 자금 유통을 막고 공평하게 세금을 부과할 수 있게 되었어.

## 지방 자치제

"1995년 6월 27일에는 부분적으로 실시된 지방 자치제가 본격적으로 실시되었어. 이 제도로 지방마다 해당 지역 주민이 직접 시장, 도지사, 군수, 구청장 등 지방 자치 단체장과 시도 의회 의원, 시군구 의회 의원 등 지역의 대표를 뽑았어. 지역 주민과 그들이 뽑은 대표자가 지역의 살림을 스스로 운영하면서 풀뿌리 민주주의*가 자리 잡는 계기가 되었단다."

*풀뿌리 민주주의
주민 스스로 지역 살림을 운영하고 결정하는 데 참여함으로써 나라의 뿌리에 해당하는 가장 낮은 행정 단위에서 민주주의적 절차가 이루어진다고 해서 붙여진 말이야.

## 역사 바로 세우기 운동

"1996년에는 잘못된 역사를 바로 세우는 일이 있었어. 바로 쿠데타로 정권을 잡고 광주에서 시민들을 학살하고 온갖 부정한 방법으로 돈을 긁어모은 두 전직 대통령 전두환과 노태우를 구속해 법으로 심판했지. 역사를 어지럽힌 사람들에게 죄를 물음으로써 앞으로 누구도 민주주의에 반하는 행동을 하지 못하도록 경고한 거야. 이것이야말로 역사를 바로 세워 미래에 본보기를 보인 중요한 사건이야.

또 아무리 높은 지위에 있는 사람이라도 잘못을 하면 반드시 벌을 받는다는 선례를 남겼어. 비록 두 대통령은 얼마 안 있어 감옥에서 풀려났지만, 모든 사람은 법 앞에 평등하다는 사실을 분명히 했다는 데 의미가 있어."

"그럼 아무리 높은 자리에 있던 사람이라도 잘못을 저지르면 법의 심판을 받겠군요."

"대통령처럼 높은 사람도 말이에요."

아이들은 두려울 것 없이 마구 권력을 휘두르며 국민들을 억누르던 사람들이 잡혀가자 신이 나서 들썩거렸다. 4·19와 5·16 때 목숨을 잃은 사람들 때문에 가슴에 무거운 돌을 얹은 것처럼 답답했었다.

"그래, 그런데 아직 갈 길이 멀어. 아까 은지의 말처럼, 수구 세력*이 중심이 된 정부여서 나중에는 한계가 드러나지.

**법정에 선 전두환(오른쪽)과 노태우**
김영삼 정부는 역사 바로 세우기 운동을 추진하면서 전직 대통령인 전두환과 노태우를 법정에 세워 심판했어.

1994년에 북한의 김일성이 죽었어. 그러자 이 때문에 사회 혼란이 일어날 거라며 정부 비판 세력을 탄압했지. 또 1996년 12월 26일 새벽, 여당인 신한국당 의원들이 노동법과 안기부법 개정안을 날치기로 통과시켰어. 이 개정안은 노동자에게 불리한 조항이 담겨 있었어. 그리고 정보기관인 안기부의 수사권을 강화해서 일반 국민이나 사회단체를 억압하기 쉽게 만드는 등 비민주적인 요소들이 많았지."

*수구 세력
예전에 있었던 제도와 관습 등을 그대로 지키려는 세력을 말해. 보통 자신들이 가진 부와 권력을 지키기 위해 옳지 못한 지난 시절의 제도와 체제가 바로잡히는 것을 막는 사람들을 일컫는 경우가 많아.

## 연이어 터지는 대형 사고

"김영삼 정부 때는 대형 사고도 많이 일어났어. 한강 다리 중 하나인 성수대교가 무너졌어. 이 사고로 32명이 숨지고 17명이 다쳤지. 성수대교는 박정희 정권 때 만들어졌어. 붕괴 원인은 건설 자재를 제대로 사용하지 않은 부실 시공이었어. '제대로'보다는 '무조건 빨리빨리'를 외친 성장 중심의 경제 정책이 낳은 결과라고 할 수 있지.

그렇다면 김영삼 정부는 아무 책임이 없었을까. 그렇지 않아. 수많은 사람이 건너는 다리의 안전을 제대로 점검하지 않았어. 또 교통량이 증가하고 과

**성수대교 붕괴**
1994년 10월 21일 오전에 한강 다리인 성수대교가 갑자기 무너지는 바람에 많은 사람이 희생되었어. 부실 공사와 안전 관리 소홀이 원인이었다고 해.

적 차량이 오가는 등 다리의 안전 문제를 지적하는 사람도 있었지만 그대로 방치하다가 대형 사고가 난 거야.

그런데 성수대교가 붕괴된 지 채 1년도 지나지 않아 훨씬 많은 인명 피해가 생긴 사고가 터졌어. 바로 서울 강남 한복판에 있던 삼풍백화점이 무너진 거야. 이 사고로 502명(실종 30명 포함)이 사망했고 937명이 다쳤어. 역시 부실시공과 불법적으로 설계를 변경한 것이 원인이었지. 담당 공무원은 뇌물을 받고 그런 사실을 눈감아 줬다고 해.

성수대교 붕괴를 보며 문제의식을 느끼기는커녕 돈을 받고 모른 체하다니 정말 어이가 없지. 부정부패가 어떻게 국민들을 위기에 몰아넣는지 잘 보여

**삼풍백화점 붕괴**
성수대교가 무너지고 1년도 채 지나지 않은 1995년 6월 29일, 서울 강남 한복판에 있던 삼풍백화점도 무너지는 대참사가 일어났어.

주는 사고가 아닐 수 없어.

다른 나라 사람들에게 부끄러운 사건들이 연이어 터졌지만, 우리나라는 OECD(경제협력개발기구)에 가입하게 돼. OECD는 선진국들의 모임인데 전쟁으로 폐허가 되었던 나라가 그 기구에 들어간다는 건 정말 기적 같은 일이라 할 수 있지.

그런데 마냥 기뻐할 수만은 없는 일이기도 했어. 왜냐하면 OECD에 가입함으로써 예전에 개발도상국일 때 받던 혜택을 포기하고 다른 나라에 경제적으로 문을 모두 열어야 했거든.

사실 우리나라가 경제적으로 큰 성공을 거둔 건 사실이지만 당시 경제의 기초가 튼튼하지는 않았어. 즉, 어떤 문제가 생겼을 때 스스로 버텨낼 힘이 없었던 거야. 이런 상태에서 나라 자체가 삼풍백화점처럼 무너질 만큼 큰일이 벌어졌어."

## IMF 경제 위기

"1997년 김영삼 정부 말기, 경제 정책의 실패와 부정부패가 낳은 최대의 사건이 터져. 바로 외환 위기로 국가가 부도날 수도 있는 상황, 즉 IMF 사태야. 1월 재계 순위 14위인 대기업 한보그룹이 부도\*를 냈어. 한보그룹은 정치인들과 공무원들에게 부당한 방법으로 손을 써서 외국 등으로부터 마구 돈을 빌려 문어발처럼 사업을 벌였어. 그러다가 더 이상 감당할 수 없게 되어 부도를 낸 거야."

"이때 한보그룹이 비정상적인 방법으로 대출을 받는 데 대통령 김

\*부도
회사나 국가가 스스로 빚을 갚을 힘이 없어 망하는 일을 말해.

영삼의 아들 김현철이 큰 역할을 했어. 김현철은 한보 사건으로 구속되었지. 그러나 이 일은 한보에서 끝나지 않았어. 한보와 같이 빚으로 몸집을 불리던 기아, 해태, 진로, 대농, 쌍방울 등 대기업 12개가 줄지어 부도를 낸 거야. 한국의 대기업 중 2위 기업인 대우마저 최종 부도 처리되면서 정부는 위기 상황에 스스로 해결할 수 없는 지경에 이르렀어.

대기업이 부도를 내자 대기업에서 일을 받던 중소기업도 돈을 받지 못하고 부도를 냈고 연결된 다른 기업들도 도미노처럼 무너졌지. 그러자 기업에 돈을 빌려주었던 금융 기관들이 크게 흔들렸어.

이렇게 기업의 부도와 금융 기관의 부실로 나라 경제가 엉망이 된 거야. 국제 사회에서 대한민국의 신용도는 바닥에 떨어졌어. 그러자 돈을 빌려준 나라들은 돈을 갚으라고 독촉했지. 그런데 당시 우리나라가 외국에서 빌린 돈이 1,500억 달러가 넘었는데 가진 외환*은 고작 40억 달러밖에 되지 않았어. 그동안 외환을 제대로 관리하지 못했던 거야. 그런데도 정부는 이 지경이 되도록 '경제가 건전해서 걱정할 게 없다' 며 국민들을 속였지.

그러다가 도저히 감당이 안 되어 나라가 부도날 위기가 오자 IMF(국제 통화 기금)에 구제 금융*을 신청했어. 부도를 막을 돈을 융통해 달라는 거였지.

그런데 IMF가 망할 나라에 거저 돈을 줄 리는 없잖아? IMF는 돈을 빌려주는 대신 엄격한 구조 조정을 요구했어. 기업이나 금융 기관, 국가 기관 등은 재산 관리를 위해 소비와 지출을 엄격히 줄여야 했어. 그리고 임금을 줄이기 위해 노동자를

**\*외환**
다른 나라와 거래할 때 돈처럼 사용하는 채권이나 수표 같은 걸 말해.

**\*구제 금융**
기업이 망해서 나라 경제에 심각한 영향을 끼칠 것이라 여겨질 때, 이를 막기 위해 기업에 융자를 주거나 빚을 갚는 시기를 늦춰 주는 것을 의미해.

**IMF 구제 금융 공식 요청 신문 기사**
국가가 부도날 위기에 처하자 우리 정부는 IMF에 구제 금융을 공식 요청했어.

대량 해고했지. 또 언제든지 해고할 수 있도록 노동자를 고용할 때 정규직 대신 비정규직의 비율을 늘렸어. 불안정한 일자리로 인해 사람들은 늘 불안한 생활을 해야 했지. 비정규직 문제는 지금도 큰 사회문제가 되고 있단다."

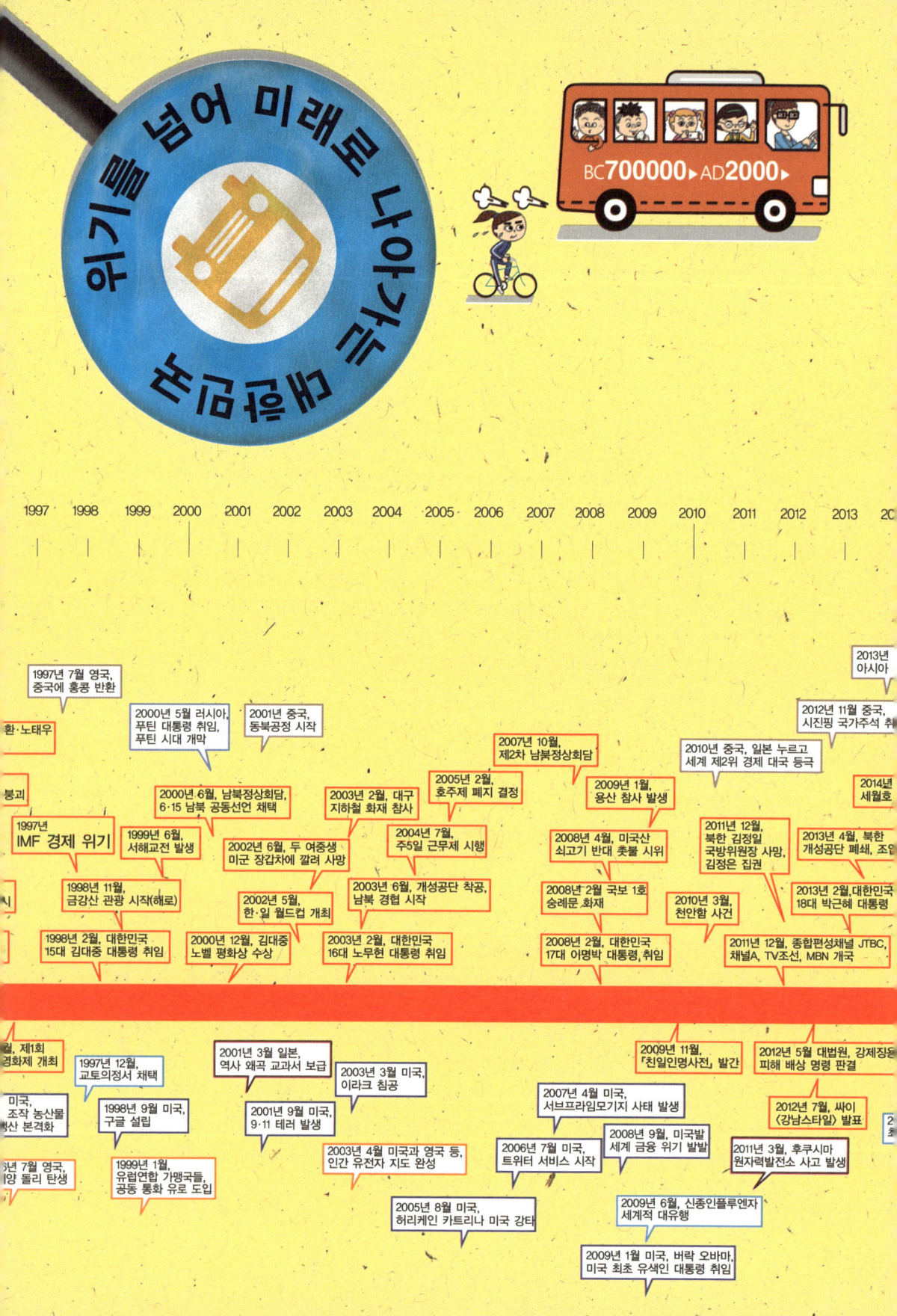

경제적 위기를 극복한 사람들은 희망에 부풀었지만, 위기 극복 과정에서 한국 경제를 규정한 것은 신자유주의였어. 이제 더 이상 국가는 생산성 없는 기업을 위해 작용하기를 멈추었고, 경제적 효율성이 우선시되는 사회가 되었어. 기업과 기업, 개인과 개인은 끝없이 경쟁하며 스스로 살아남을 궁리를 해야 하는 세상이 된 거지.

경제적 논리하에서 인간적 권리와 자유에 대한 억압이 합리화되는 사회. 우리는 무엇이 인간을 위한 것인지 진지하게 고민하고 싸워야 할 또 다른 현실에 직면하게 되었어.

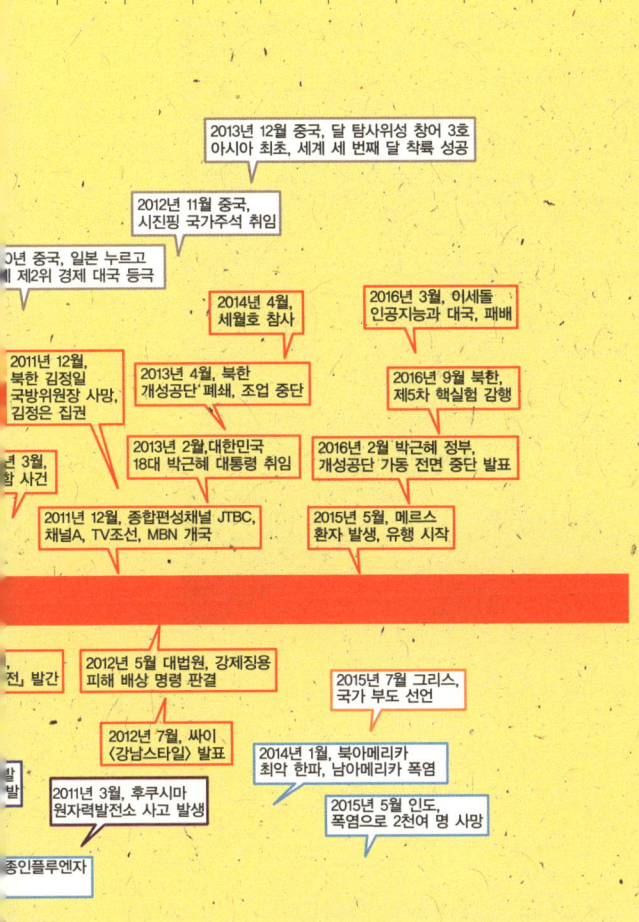

## 김대중 정부(1998~2003)

"국민들이 경제 위기의 고통에 빠진 상태에서 치러진 제15대 대통령 선거에서 야당 대통령 후보인 김대중이 당선되었어. 대선에서 야당 후보가 대통령 선거에서 이긴 건 이번이 처음이었어. 36년 만에 여당과 야당 사이에 평화적으로 정권 교체가 이루어진 거야.

김대중 정부는 출범하자마자 부도 위기에 빠진 대한민국을 살리는 일에 온 힘을 쏟았어. 정부는 외국 자본가들이 대한민국에 외환을 투자하게 하려고 열심히 뛰어다녔지. 기업들은 IMF의 관리 아래 문어발식으로 벌려 놓은 사

**금 모으기 운동**
IMF 외환 위기를 극복하기 위해 국민들은 자발적으로 자신이 소유한 금을 나라에 내놓았어.

업을 정리했어. 국민들은 허리띠를 졸라매고 불필요한 소비를 줄이며 어려운 상황을 이겨냈어. 또 장롱 안에 두었던 금을 모아서 내놓았지. 이것을 '금 모으기 운동'이라고 해. 금 모으기 운동은 금을 모아 경제 위기를 극복하는 데 큰 힘이 되었다는 사실도 중요하지만, 나라가 어려움에 처할 때마다 모두 힘을 합쳐 이겨 내는 우리 민족의 정신을 보여준 것이 무엇보다 중요해.

이렇게 정부와 기업, 국민이 힘을 합쳐 노력한 끝에 드디어 2001년, 3년 만에 IMF로부터 빌린 돈을 갚고 경제 위기에서 벗어날 수 있었어. 그러나 국가 부도 사태를 벗어나기 위해 몇몇 기업과 은행은 외국 자본의 손으로 넘어가고 말았지.

여러 어려운 조건에서도 경제가 서서히 되살아나기 시작했어. IMF 체제를 이겨 나가기 위해 기업들은 경쟁만 심하고 이윤은 적은 중공업이나 건설업에 치중되었던 산업을 줄이고 반도체, 휴대폰, 첨단 디스플레이, 첨단 가전 등 최첨단 산업으로 뛰어들었어. 이것이 가능했던 건 경공업과 중공업 발전에서도 그랬듯이 뛰어난 인적 자원이 있었기 때문이야.

과학 기술 인재뿐만 아니라 대중문화 분야의 창의적이고 재능 있는 인재들이 음악과 드라마, 영화 등에서 두각을 드러내기 시작했어. 민주주의가 발전하면서 여러 규제가 사라지고 자유로워진 분위기가 창의적인 사고를 이끌어 낸 거야. 더불어 경제적으로 안정을 되찾자 문화가 크게 발전했지.

대한민국의 드라마는 처음에는 일본과 중국 등에서 인기를 끌더니 동남아시아, 중동 등으로 퍼져 나갔어. 한국 영화도 세계적으로 유명한 영화제에서 좋은 평가를 받으면서 세계인들에게 우리의 저력을 보여 주었지. 부산에서 국제 영화제가 열리기 시작하면서 세계의 영화인들이 우리나라로 모여 영화 축제를 즐기기도 했어. 그러나 무엇보다 큰 성과는 대중음악이야. 우리나라

의 대중음악이 아시아를 넘어 유럽, 북미, 남미, 아프리카 등 전 세계로 퍼져 나갔어. 이것을 '한류'라고 하는데 다들 알고 있지?"

## 분단의 시대에서 통일의 시대로

### 금강산 관광 시작

"1998년에 북한의 금강산을 둘러보는 관광이 시작되었어. 처음에는 바닷길을 통해서 금강산으로 들어갔는데 2003년에는 비무장 지대의 철조망을 넘어 육지로 금강산을 가게 되었지. 분단의 상징인 휴전선을 일반인이 관광을 하기 위해 넘은 것은 남북이 대립을 넘어 화해로 가는 상징적 일이었단다."

### 제1차 남북 정상 회담

"2000년 6월 14일에는 대한민국의 김대중 대통령과 북한의 김정일 국방 위원장이 분단 이후 처음으로 평양에서 정상 회담을 했어. 그리고 6월 15일 6·15 남북 공동 성명을 발표했지. 여기서 남북은 자주적으로 통일 문제를 해결하고 교류와 협력을 넓혀 가자는 데 뜻을 같이했어. 이렇게 조성된 남북의 화해 분위기에 맞춰 9월 15일 시드니에서 열린 올림픽 개막식에 한반도기를 앞세우고 남북이 함께 입장하기도 했지.

화해 분위기는 김대중 정부가 북한에 대한 지원을 확대하는 햇볕 정책에

## 햇볕 정책

꽁꽁 얼어붙은 남과 북의 관계를 풀기 위해 햇볕을 쪼여 얼음을 녹이듯 긴장을 완화하는 대북 정책을 말해. 이솝 우화에서 태양과 바람이 나그네의 옷을 누가 먼저 벗기는지 내기를 하는 장면이 나와. 먼저 바람이 불자 나그네는 옷이 벗겨지지 않게 꼭 잡았지. 반면 따뜻한 햇볕이 내리쬐자 나그네는 겉옷을 훌렁 벗어 던졌어. 이처럼 따뜻한 온기를 북한 쪽에 전해서 남과 북의 얼었던 관계를 녹이는 걸 햇볕 정책이라고 한단다.

힘입은 것이었어. 이에 대해 북한에 일방적으로 퍼 주기라며 비판하는 사람들도 있어. 그러나 참혹한 전쟁을 겪은 우리에게는 무엇보다 평화가 중요하다는 사실을 결코 잊어서는 안 될 거야. 남북이 서로 적대적으로 대립을 거듭하는 상황이 이어지다가는 또 어떤 불행한 일이 생길지 모르잖아? 조금씩이라도 서로를 이해하고 받아들이며 진정한 평화와 통일을 위해 노력하는 것이 민족의 앞날을 위해 꼭 필요한 거지."

## 2002 월드컵과 효순 미선 사건

"2002년 5월 31일부터 6월 30일까지 우리나라와 일본에서 공동으로 월드

6부 성숙한 시민들이 대한민국을 바로 세우다

컵이 열렸어. 그동안 정치적으로 군사 정권의 독재와 경제적으로 국가 부도 사태까지 겪으며 고통 받던 우리나라 사람들에게 월드컵은 큰 축제였지. 국가의 대표를 국민의 손으로 뽑으면서 민주적인 체제가 자리 잡았고 온 국민의 노력으로 IMF 관리를 벗어난 시점에 열린 월드컵이라 사람들은 정말 오랜만에 즐거움을 만끽할 수 있었지. 축구 팬이 아닌 사람도 붉은색 응원 복을 입고 박수를 치며 '대한민국'을 외쳤어. 우리 축구 국가 대표팀도 국민들의 성원에 힘입어 사상 처음으로 월드컵 4위라는 성적을 거뒀고.

그런데 월드컵이 열리고 있던 6월 13일, 아주 슬픈 일이 있었어. 경기도 양

**2002 월드컵 거리 응원**
2002년 한·일 월드컵이 개최될 당시 인파가 거리에 모여 응원하는 모습이야. 붉은 물결이 시청 광장을 뒤덮었지.

주에서 여중생 신효순과 심미선이 미군 장갑차에 깔려 숨지는 일이 생긴 거야. 그런데 미국 군사 법정은 여중생을 죽인 미군에게 무죄를 선고했어. 우리 법정에서 재판이 있었다면 무죄가 선고되지는 않았을 거야. 박정희 정권 때 미국과 맺은 한미주둔군지위협정(SOFA)에 따라 사실상 우리나라가 미군을 재판할 권리가 없었어. 이승만이 작전 지휘권을 넘긴 이래 우리나라는 군사 분야에서 제 목소리를 내기 어려웠지. 어서 힘을 키워 우리 국민의 권리를 스스로 지킬 수 있도록 해야 해.

그해 11월 26일에 분노한 시민들은 종로에서 촛불 집회를 열어 두 여중생을 추모했어. 이 촛불 집회는 전국적으로 확대되었지. 시민들은 불평등한 한·미 관계를 바로잡아야 한다고 한 목소리로 말했어. 그러나 아직 갈 길이 멀어."


## 노무현 정부(2003~2008)

"2002년 12월에 치러진 제16대 대통령 선거에서는 여당인 민주당의 노무현 후보가 당선되었어. 노무현 정부 때인 2003년에는 북한 개성에 공단이 착공되었어.

개성 공단은 남한의 자본과 기술, 북한의 토지와 노동력을 투자하는 식으로 경제 협력을 해서 남북한이 경제적인 성과를 냈어.

2004년에는 주5일 근무제가 시행되었어. 예전에는 토요일도 출근해서 일을 했지. 휴일이 늘어나면서 자기 계발이나 여가를 즐기는 사람들이 늘어났고 이들을 위한 산업도 많이 생겨났지.

그리고 2007년에는 노무현 대통령이 평양을 방문해 김정일 국방위원장과 만나 제2차 남북정상 회담을 열었어."

### 이명박 정부(2008~2013)

"2007년 12월에 치러진 제17대 대통령 선거에서 야당인 한나라당 이명박 후보가 당선되었어. 10년 만에 다시 여야의 정권 교체가 이뤄진 거야. 선거에서 기업인 출신인 이명박 후보는 어려운 경제를 살리겠다는 약속을 하며 국민들의 선택을 받았어."

### 박근혜 정부(2013~2017)

"2012년 12월에 치러진 대통령 선거에서는 여당인 새누리당의 박근혜 후보가 당선되었어. 1960~1970년대 대통령을 지낸 박정희의 딸 박근혜는 우리나라 최초의 여성 대통령이기도 해. 박근혜 후보는 우리나라의 경제를 크게 발전시킨 아버지처럼 어려운 경제를 살릴 거라는 기대를 받으며 대통령이 되었지."

"자, 여기까지! 여기서 한국사를 공부를 마치자."
빡쌤이 말을 마치자 아이들의 입에서 탄식이 터져 나왔다.
"쌤, 좀 더 이야기해 주세요."

수업을 끝내는 것이 못내 아쉬워서 시루가 빡쌤의 팔을 잡았다.

"음, 2000년대 들어서 있었던 일들, 특히 최근에 일어난 일들에 대한 평가는 좀 더 시간이 지나서 이루어져야 해. 아마 너희가 청장년이 되었을 때는 역사적 잣대를 들이대 볼 수 있겠지. 그러나 우리가 지금까지 한국사를 공부하면서 깨달은 역사적 관점으로 보면 무엇이 옳고 그른지는 어느 정도 판단할 수 있을 거야. 그럼 마무리할 겸 한국사를 공부하면서 느낀 점을 한 사람씩 이야기해 볼까?"

시루가 주먹을 불끈 쥐며 나섰다.

"정의로운 국민이 승리한다는 걸 배운 것 같아요. 광주에서 많은 사람을 죽이고 부정한 방법으로 돈을 모은 전두환과 노태우를 법정에 세웠잖아요? 제대로 처벌하지 못한 건 아쉽지만 나쁜 짓을 한 사람은 언젠가는 죄의 대가를 치른다는 예를 보여 준 것만으로도 충분히 의미가 있었어요."

아이들은 참 시루다운 말을 한다며 웃었다.

마리가 3·1 운동을 공부한 날 다친 게 떠오르는지 발을 만지며 말했다.

"3·1 운동, 4·19 혁명, 5·18 민주화 운동, 6월 민주 항쟁 등 인간의 자유를 총칼로 억압하는 자들에게 맨주먹으로 맞선 우리 민족이 얼마나 대단한지 알았어요. 3·1 운동 꿈을 꾸다가 침대에서 떨어져 발을 다쳤지만 지금도 그날 공부한 걸 생각하면 가슴이 뛰어요!"

마토는 맛있는 냄새가 나는 주방 쪽을 흘깃거리며 말했다.

"가야사 수업 때 먹은 밀면과 고려사 수업 때 먹은 만두가 가장 기억에 남아요. 현대사 공부하면서 먹은 부대찌개와 오징어순대도요. 음식마다 역사적인 배경이 있다는 게 신기했고요. 앞으로 음식을 먹을 땐 그 유래에 대해서도 공부해 봐야겠어요."

마토다운 말에 아이들이 '와' 하고 웃음을 터뜨렸다.

까불이 파래는 주방 쪽에 시선을 주며 웬일로 의젓하게 말했다. 주방에서는 꿈셰프와 빡쌤의 절친이 아까부터 음식을 만들고 있었다.

"마토가 음식이 기억난다면 전 답사 다닌 것이 제일 좋았어요. 특히 경복궁과 수원 화성은 너무 멋져서 가끔씩 사진 파일을 열어 보곤 해요. 백성을 중심에 놓고 생각한 지도자가 얼마나 위대한 일을 할 수 있는지도 알았고요. 나중에 커서 투표권이 생기면 좋은 지도자를 뽑을 수 있도록 열심히 공부할 거예요."

"파래 이 녀석, 쌤 친구분이 오시니까 괜히 어른스럽게 말하네."

시루가 파래의 옆구리를 쿡 찌르자, 평소 같았으면 펄펄 뛰었을 파래가 잠시 얼굴을 찌푸리며 점잖게 시루를 타일렀다.

"공부할 땐 집중 좀 하지?"

파래의 태도에 아이들이 고개를 절레절레 저었다.

아이들이 다시 수업에 집중하는 것을 기다렸다가 은지가 진지한 얼굴로 말했다.

"좋은 지도자를 뽑는 것도 좋지만 똑똑한 국민이 되는 게 더 중요한 것 같아요. 역사적인 안목도 높이고 사회 전반에 관해 언제나 관심을 갖는 등 똑똑한 국민이 되어야 할 것 같아요. 그러면 이승만이나 박정희 같은 독재자에게 표를 던지는 어리석은 일이 없을 거예요. 나아가 나라도 발전하고 국민 모두 잘사는 세상을 만들 수 있을 것 같아요."

"좋아, 모두들 훌륭한 생각을 가졌구나. 마지막으로 쌤이 너희에게 해줄 말은 역사와 나라의 주인은 바로 너희 자신이라는 것을 잊지 말라는 거야. 우리 선조들이 지켜낸 민주주의를 더욱 발전시켜서 모두가 행복한 나라를 만들려

면 자신이 역사의 주인이라는 사실을 절대로 잊어서는 안 돼. 나라에 어떤 일이 생겼을 때 누군가가 해결하겠지 하는 방관자가 아니라 적극적으로 참여해 더 나은 방향으로 나아가도록 노력하는 사람이 되면 좋겠구나.

그럼 한국사 수업을 마치면서 서로 격려하는 마음으로 박수를 칠까?"

빡쌤과 아이들은 '와!' 하고 소리치며 박수를 쳤다.

박수 소리와 함께 주방에서 꿈셰프와 빡쌤 절친이 쟁반에 온갖 음식을 들고 나왔다. 파래와 마토가 얼른 달려가 음식 옮기는 걸 거들었다.

여러 종류의 음식이 있었는데, 그중 빡쌤 절친이 만든 당근 케이크와 꿈셰프가 만든 고구려 맥적을 재현한 불고기가 아이들의 눈을 사로잡았다.

"자, 한국사 수업을 무사히 마친 걸 축하하며, 맛있게 먹자!"

꿈셰프가 말이 끝나기 무섭게 일제히 손들이 빛의 속도로 음식을 향했다. 그때 꿈틀 현관문이 벌컥 열리며 캡틴이 달려들어 왔다.

"야, 이런 법이 어딨어? 나도 먹어야지."

캡틴은 아이들 사이로 엉덩이를 들이밀며 앉았다.

"너희 수업이 끝나서 좋겠구나. 매주 빡쌤에게 붙들려 공부하느라 힘들었을 텐데."

"아니에요. 정말 재미있었어요!"

파래가 불고기를 우물거리며 말했다.

마리는 케이크를 들고 침울하게 말했다.

"이제 한국사 수업이 끝난다니 너무 아쉬워요."

은지도 마리의 말에 고개를 끄덕였다.

"아쉬우면 다시 하면 되지."

캡틴이 아이들을 보며 말하자 아이들은 고개를 저었다.

"오늘로 현대사 끝부분까지 다 했는데 뭘 다시 해요?"

시루가 한 손에는 케이크를 다른 한 손에는 불고기를 들고 말했다.

"세계사! 우리 역사가 지금까지 흘러오는 동안 세계에서는 어떤 일이 있었는지 궁금하지 않니?"

"궁금해요!"

아이들은 동시에 큰 소리로 대답했다. 그러자 캡틴이 빡쌤을 보았다. 아이들도 물끄러미 빡쌤에게 눈길을 모았다. 빡쌤이 손사래를 쳤다.

"갑자기 세계사라니 무슨 소리예요. 무슨 수업 계획을 생각나는 대로 해요. 사전에 말도 없이."

"아니, 역사가 한국사만 있어? 세계사까지 해야 역사가 완성되지."

캡틴의 말에 빡쌤은 절대 안 된다는 얼굴로 고개를 저었다.

그러자 아이들은 먹고 있던 음식을 접시에 내려놓고 빡쌤에게 매달렸다.

"쌤, 역사 공부를 하다가 마는 법이 어디 있어요. 세계사도 가르쳐 달란 말이에요."

아이들의 성화에 빡쌤은 헛웃음을 짓고 말았다. 그러고는 곧바로 캡틴을 째려보았다.

"선배, 나한테 한국사 수업 맡기면서 애초에 세계사 수업도 시킬 계획이었죠?"

"내가 무슨……. 난 그렇게 미래를 내다볼 줄 아는 사람이 아니야. 그건 고아람 선생님이 전문이지."

"아이고, 못 살아. 배고프니 일단 밥이나 먹어요. 애들아, 어서 먹자."

빡쌤의 말에 아이들은 다시 음식에 코를 박았다. 식사가 거의 마무리될 즈음 은지가 빡쌤에게 물었다.

"쌤, 구석기 시대 공부할 때부터 궁금한 게 있었는데요. 이웃나라 일본에도 구석기 시대가 있었나요?"

"그럼, 당연하지."

"구석기 시대 사람들은 어떻게 바다를 건너 일본으로 갔을까요? 변변한 배도 없었을 텐데."

"걸어서 갔지. 그땐 빙하기라 해수면이 낮아 중국과 한반도, 일본이 육지로 연결되어 있었거든."

듣고 있던 시루가 눈빛을 반짝이며 물었다.

"지금처럼 한반도와 일본이 바다로 갈라진 건 언제부터예요?"

"음, 기원전 1만 년 전쯤, 기후가 따뜻해지면서 해수면이 올라갔고, 일본은 섬나라가 되었어."

빡쌤의 말이 끝나기 무섭게 아이들은 저마다 궁금한 것을 쏟아내기 시작했다.

"그럼, 구석기 때 일본으로 건너간 우리나라 사람이 일본 사람이 됐어요?"

"일본 사람을 왜 왜놈라고 불러요?"

"일본은 그 옛날 어디서 총 만드는 기술을 배운 거죠?"

"일본 글자는 어떻게 만들어졌어요?"

"잠깐 잠깐. 그렇게 한꺼번에 물으면 어떡하니? 한 사람씩 질문하렴."

아이들과 빡쌤의 질문과 대답이 이어지며, 한국사 마무리 자리가 갑자기 세계사 수업 시간으로 바뀌었다.

캡틴과 빡쌤의 절친, 그리고 꿈셰프는 주방 벽에 비스듬히 기대어 아이들보다 흥미로운 표정으로 이야기에 귀를 기울였다.

"야아아옹~!"

언제부터인가 고양이 한 마리가 창틀에 올라앉아 꿈틀 안을 들여다보며 고

개를 갸웃거리고 있었다.

　아이들이 집으로 돌아간 뒤인 이 시간쯤이면 창문 불빛이 하나둘 꺼져 갔었다. 꿈셰프는 마지막으로 현관 외등을 끄고 문을 잠갔다. 그리고 늘 남은 음식 중 고양이가 먹을 만한 것을 추려 창틀 아래 에어컨 실외기 위에 올려놓고 집으로 돌아갔었다.

　그런데 오늘은 웬일인지 먹이도 없었고 불도 꺼지지 않았다. 오히려 아이들이 망아지처럼 뛰어다니던 낮 시간보다 후끈한 열기가 창밖으로 흘러나오고 있었다.

〈끝〉